新时代高校思想政治教育研究

皖西学院2022年高层次人才科研启动资助项目『论哈贝马斯的后民族理论及其对中国民族地区思想政治教育的影响』（项目编号：WGKQ2022041）的阶段性成果

王　进◎著

安徽师范大学出版社
ANHUI NORMAL UNIVERSITY PRESS
·芜湖·

图书在版编目(CIP)数据

新时代高校思想政治教育研究 / 王进著 .— 芜湖:安徽师范大学出版社,2024.3
ISBN 978-7-5676-6392-3

Ⅰ.①新… Ⅱ.①王… Ⅲ.①高等学校—思想政治教育—研究—中国 Ⅳ.①G641

中国国家版本馆CIP数据核字(2023)第186915号

新时代高校思想政治教育研究 王 进◎著

责任编辑:刘 翠 责任校对:李晴晴
装帧设计:王晴晴 汤彬彬 责任印制:桑国磊
出版发行:安徽师范大学出版社
芜湖市北京中路2号安徽师范大学赭山校区
网 址:http://www.ahnupress.com/
发 行 部:0553-3883578 5910327 5910310(传真)
印 刷:江苏凤凰数码印务有限公司
版 次:2024年3月第1版
印 次:2024年3月第1次印刷
规 格:700 mm × 1000 mm 1/16
印 张:7.75
字 数:116千字
书 号:ISBN 978-7-5676-6392-3
定 价:28.00元

序*

闻王进博士新著即将付梓，甚为高兴。

我与王进博士相识于2019年，虽见面机会不多，但我们以学术为纽带，不时有所交流，对一些问题的看法往往能不谋而合，彼此启发。王进博士常将新作发给我学习，令我获益匪浅。如今我又第一时间拜读其新著，感慨颇深。

当今世界百年未有之大变局加速演进，中国在新时代新征程中机遇与挑战并存。如何立足于自身，在精神的意识形态领域寻找我们作为个体、族群、类的精神与实存，是一个哲学社会科学的学术问题，更是一个关乎当下与未来发展的现实问题。高校作为传道授业解惑、精进智思、明明德于家国、亲民于社会、至善于人类之场域，既肩负立德树人、锻才报国之重任，又承载超越有限个体接近无限群类之理想情愫与终极关怀。为探讨这些问题，本书立足于中国现实语境，以高校思想政治教育为切入点和着力点，从新时代高校思想政治教育的建设、坚持以马克思主义为指导的高校思想政治教育、积极利用网络赋能高校思想政治教育、有效推进红色资

* 作者沈湘平，北京师范大学哲学学院教授，博士生导师，全球化与文化发展战略研究院院长，中国人学学会副会长。

源融入高校思想政治教育，以及持续聚焦高校思想政治教育中立德树人的价值理念等角度展开论述，进行了有益探索。我相信，本书可以为高校思想政治教育工作提供参考与借鉴。

希望王进博士以此为基，更上一层楼，再结硕果！

2023年12月5日

目　录

第一章　新时代高校思想政治教育的建设

思想政治工作是我们党的优良传统和政治优势，是坚持党对教育事业全面领导的具体体现，是各级党委管党治党，办学治校的重要抓手。实践证明，学校抓住了、抓好了思想政治工作，就能沿着正确方向前进；放松了、丢弃了思想政治工作，就会迷失方向。面对新形势新任务，思想政治工作只能加强不能削弱，只能前进不能停滞，只能积极作为不能被动应对[①]。马克思主义哲学认为，矛盾存在于一切事物中。高校思想政治教育工作亦不例外，欲化解高校思想政治教育工作中的诸多矛盾，必然要不断深入认识和把握人类社会发展规律，“要让有信仰的人讲信仰”“要学会辩证唯物主义和历史唯物主义”[②]。

---

①《习近平总书记教育重要论述讲义》编写组编:《习近平总书记教育重要论述讲义》，高等教育出版社2020年版，第26页。

② 习近平:《思政课是落实立德树人根本任务的关键课程》，人民出版社2020年版，第12、14页。

第一节　理论前提：马克思主义的理论视域

马克思、恩格斯在《共产党宣言》中提出："资产阶级的灭亡和无产阶级的胜利是同样不可避免的。"[①]就教育者以及受教育者而言，"两个必然"不仅仅是一种基于理想与信仰的宣告，更是需要思想政治教育在学理上加以论证、阐述的社会规律。马克思的唯物史观和剩余价值理论阐明着资本主义必将走向穷途末路。他号召无产阶级以阶级斗争的方式对现实社会进行"武器的批判"，在现实的实践斗争中获得无比丰富的经验，进而取得无产阶级革命的胜利。根据马克思主义这一逻辑理路，新时代的思想政治教育必然要坚定马克思主义关于"两个必然"的基本信念，继承、发扬马克思主义的基本精神，"坚持理论性和实践性相统一"[②]，将历史的人与现实的人有机统一于思想政治教育的改革创新之中。马克思在批判旧唯物主义创建新唯物主义的《关于费尔巴哈的提纲》中认为，费尔巴哈的旧唯物主义以直观的方式对单个人与市民社会进行一种感性理解，将宗教的本质归结于人的本质，抛弃了无论是作为个体的人还是作为"类"意义上的人在历史进程的环境中这一背景，进而导致人在寻觅"人之本性"时陷入窘境。人在被孤立且抽象的个体基础之上结成了一种"内在的、无声的"仅具"自然"意义上的"普遍性"。马克思将这种"普遍性"的"共同体"扬弃为一种立足于"人类社会或社会的人类"基础上的具有能动实践特性的社会关系总和的"共同体"。至此，马克思主义以其创建的新唯

①《马克思恩格斯文集》第2卷，人民出版社2009年版，第43页。

② 习近平：《思政课是落实立德树人根本任务的关键课程》，人民出版社2020年版，第20页。

物主义一方面初步破解了自亚里士多德以来理论与实践的机械二分，另一方面批判了洛克、休谟、康德至费尔巴哈以来的“人”及围绕着“人”的事物之矛盾不解而生硬地推至他者世界之做法。马克思主义将“环境是由人来改变的，而教育者本人一定是受教育的”[①]思想鲜明地立于自己的旗帜之上。思想政治教育亦是这面旗帜的组成部分，上面镌刻着由教育者与受教育者于历史的、现实的环境之中塑造的“大写的人”。

马克思主义认为：“哲学家们只是用不同的方式解释世界，问题在于改变世界。”[②]作为改变现实世界重要内容的思想政治教育是一项综合性的联合活动，“联合活动就是组织起来”[③]。社会主义的思想政治教育同样需要组织，需要外界提供体制机制、人才保障、资金支持。“要理直气壮开好思政课”[④]，在这一点上必须旗帜鲜明，毫不含糊。习近平总书记指出：“要给学生心灵埋下真善美的种子，引导学生扣好人生第一粒扣子。第一，政治要强，让有信仰的人讲信仰，善于从政治上看问题，在大是大非面前保持政治清醒。第二，情怀要深，保持家国情怀，心里装着国家和民族，在党和人民的伟大实践中关注时代、关注社会，汲取养分、丰富思想。第三，思维要新，学会辩证唯物主义和历史唯物主义，创新课堂教学，给学生深刻的学习体验，引导学生树立正确的理想信念、学会正确的思维方法。第四，视野要广，有知识视野、国际视野、历史视野，通过生动、深入、具体的纵横比较，把一些道理讲明白、讲清楚。第五，自律要严，做到课上课下一致、网上网下一致，自觉弘扬主旋律，积极传递正能量。第六，人格要正，有人格，才有吸引力。”[⑤]

①《马克思恩格斯文集》第1卷，人民出版社2009年版，第500页。

②《马克思恩格斯文集》第1卷，人民出版社2009年版，第502页。

③《马克思恩格斯文集》第3卷，人民出版社2009年版，第335页。

④ 习近平：《思政课是落实立德树人根本任务的关键课程》，人民出版社2020年版，第23页。

⑤《习近平谈治国理政》第3卷，外文出版社2020年版，第330页。

在不同视域的比较认知中，将能更深刻理解马克思主义关于思想政治教育中权威之特性与社会关系之属性。与马克思主义具有相同见解的法国现象学家亚历山大·科耶夫认为，权威在本质上隶属于社会关系，而这种社会关系在施动者与受动者之间已经就某些事情的开展及其认知达成了“共识”。亚历山大·科耶夫将权威的发生乃至变化发展视作一种过程，相通于马克思主义关于事物产生、发展与联系的方法论。但这种相通仅是局部的，因为他将权威视作社会关系中能使他人发生变化的人，而不是经受变化的人。马克思主义将权威视为一种双方的活动。西方马克思主义法兰克福学派的哈贝马斯，则在交往理性视域下论述社会系统借助于社会主体的学习能力，使社会结构得以生成和稳定[①]。与此同时，在亚历山大·科耶夫看来，黑格尔的权威是属于主奴关系的权威，马克思完全忽视了黑格尔关于权威的论述。其实恰恰相反，马克思高度重视黑格尔主奴关系的权威辩证法并将其扬弃为社会生产关系视域之下的“两个必然”的现实斗争哲学。思想政治教育正是这种哲学中具体可感的内容之一。因为一方面，由外在“强加”与内在“服从”有机统一而形成的权威奠定了新时代思想政治教育所处社会关系的坚实基石；另一方面，将这种坚实基石既以一种对未来探索的方式释放出来，又以历史唯物主义的方法论去“分环勾连”出一个本真的学理之场。如果说“革命无疑是天下最权威的东西”[②]，那么思想政治教育对教育者与受教育者思想的革命无疑也是这种权威的体现，它驱逐的是历史所要荡涤的陈弊与障碍，留下的是能够适应和推动时代前行的进步因子。

新时代要“把思政小课堂同社会大课堂结合起来”[③]。从学生的角度

① 哈贝马斯:《交往与社会进化》,张博树译,重庆出版社1989年版,第159页。

②《马克思恩格斯文集》第3卷,人民出版社2009年版,第338页。

③ 习近平:《思政课是落实立德树人根本任务的关键课程》,人民出版社2020年版,第20页。

而言，这一结合所产生的正面效应将不仅惠及学生时期，而且会更多地惠及从学生向社会人转变的过程及转变之后更长的人生时期，能够帮助学生选择马克思所言的“一种建立在我们深信其正确的思想上的职业”“最能为人类福利而劳动的职业”[①]。思想政治教育要植根于中国特色社会主义伟大实践，要把满足人民日益增长的美好精神生活需要作为目标追求。

如果说马克思当年对黑格尔法哲学批判时所言指的德国市民社会的政治解放，是资产阶级寻求与强化自身统治地位而进行的仅仅在资产阶级自身层面上的解放的话，那么，马克思批判视域下的建构之价值则是在这一批判基础之上对“人类解放”这一大厦的奠基。时至今日，思想政治教育在历史唯物主义视域下，更为深入地回归这个文明星球之中的存在者——人，以及人之生活世界，在历史与现实交织的层面上进行思想政治教育领域内的自我反思、自我革命，并将这种“思想的利刃”在马克思当年所指引的方向上继续在新时代背景下擦亮。

第二节　中心环节：人的维度上的展开

马克思在《〈政治经济学批判〉序言》中深刻阐释了社会生产力与生产关系的辩证运动过程，并提出了“两个决不会”的理论。“两个决不会”与“两个必然”是辩证统一的，前者强调的是社会主义代替资本主义的条件性，后者强调的是社会主义代替资本主义的必然性。不同于亚当•斯密与李嘉图视域下“单个的孤立的猎人和渔夫”[②]以及文学家想象中的鲁滨

①《马克思恩格斯全集》第40卷，人民出版社1982年版，第6、7页。

②《马克思恩格斯文集》第8卷，人民出版社2009年版，第5页。

孙，马克思将物质资料的生产作为人类历史的起点，同时将人作为物质生产历史的结果，将关于人与“人的社会”的考察置于具体的历史与现实之中。为凸显思政课程之宗旨与独特之处，应基于教材而延至课外之适当领域，此既是思政课程回归于现实与历史双重视野的基本诉求，又是马克思主义定位于“人”之社会环境下基于“人”之关系而网结成的“人”的个体抑或类，脱离世俗之藩篱进而走向积极生活的本真的必由之路。现实与未来之世界绝非脱离历史飘然而至，基于此，辩证唯物主义、历史唯物主义以“批判的武器”对西方人本主义思潮展开“武器的批判”。而这一批判在内容上启示我们必须认真检视“人”之诞生：从普罗泰格拉的“人是万物的尺度”，到文艺复兴时期“人的发现”，再到当代人本主义思潮下揭示人的生命、本能、情感、意志等非理性或超理性存在意义的“人的再度发现”至“人的失落”的意志主义、存在主义、弗洛伊德主义等，无论是从深入探讨“人的行动能力”方面还是从批判科学理性方面，“我是谁？”“我来源于何处？”“我走向何方？”始终是一以贯之的中心命题。马克思主义将这一系列问题归结为“人”的社会关系的再生产。在这一生产视域之下，关乎社会意识形态的引领与话语权领导地位的牢牢掌控的思政课程，将使人在非社会主义意识形态之下的工具理性与“技艺人”的形而上学色彩得以有效消解。阿尔都塞认为，认识一种思想的发展，必须在思想上同时了解这一思想产生和发展时所处的意识形态环境，必须揭示出这一思想的内在整体，即思想的总问题，要把所考察的思想的总问题同属于意识形态环境的各思想的总问题联系起来。在他看来，意识形态历史的真理性既不是它的本原（起源），也不是它的终点（结束），而是事实本身，是以意识形态总问题为背景而建立的各思想对象、思想论点和思想价值的中心结构，而总问题本身又随着与之相联系的、变化着的、受真实历史制约的意识形态世界而演变[1]。因此，思想政治教育从时序上讲，将是由“历史”走向“当下”马克思主义视域之内并延展至未来彼岸；从内容上讲，将是从人本主义走向马克思主义的“人”学；从价值之维上讲，将在批判与比较之视野下深入真理的坐标上；从思政课本身来讲，将是在推动思政课程教学单一方面走向思政课程与思政科研有机融合的一种尝试。而以上之努力，彰显的不仅是思政课的教学过程，更是在这种教学中目标与价值的同步体现，即从历史虚无主义中走出来，走向历史唯物主义的纵深之处，将作为个体的人与作为类的人进行同步观照，使之与人所处社会环境，以及思想产生、发展时所处的意识形态环境，同意识形态历史的真理性密切关联着的事实本身等诸多方面进行有机统一，从而推动人，以及人所处社会的渐进性与飞跃性的统一，使思政课程自始至终立于马克思主义的视野之中，而马克思主义视野之中的思想政治教育所彰显的渐进性与飞跃性的统一，其根本遵循与前提条件就是要“循序渐进，螺旋上升地开设思想政治理论课”[2]。当然，在这一交织着诸多内容与环节、思想与价值、过程与目标的全新思政课程中，教学效果将是检验这一课程是否开好的重要方面。

思想的自我意识并不等于思想的本质。换言之，思想必须首先应该且能够意识到其理论前提，虽然思想的总问题已经存在而可能处于被忽视或无法被察觉、被承认之际，但可以事实性地指向各种具体问题的形式、答案以及由之带来的意义。海德格尔同样认为，在最源始的意义上，真理在

① 在阿尔都塞那里，思想的总问题并不限于作者所考察的对象的范围，因为总问题并不是作为一种总体的思想的抽象，而是一个思想以及这一思想所可能包括的各种思想的特定的具体结构。同时，作为思想的意识形态的本质从某种意义上来说取决于提出问题的方式。阿尔都塞：《保卫马克思》，顾良译，商务印书馆2016年版，第49—51页。

②《习近平主持召开学校思想政治理论课教师座谈会强调：用新时代中国特色社会主义思想铸魂育人，贯彻党的教育方针落实立德树人根本任务》，《人民日报》2019年3月19日，第1版。

此在的展开状态中包含世内存在者的揭示状态[①]。在此，必须承认思想的晦蔽性之特征与事实性的存在这一现象，唯有在此基础之上，方可认识到，就思政课程而言，思想是作为灵魂与中心而隐蔽且事实性的存在者，政治则是手段与方式，颠倒或搞乱二者之内在逻辑，思想将无法真正走进思政课堂之中，也无法进入政治之内核，相反还会使政治、政治教育的传授者或宣讲者所作努力归零甚至产生负面效应。因此，思政课程应是思想先行。另外，某些学生在人生的关键路口迷茫、躁动，资本主义文化成为其思想意识中的“救世主义”。故如何去辨识与匡正生活世界的纷繁杂象，将无法回避地定在“人”之重大命题的探讨与回答之上。基于此，在对思政教材里马克思主义关于“人”之问题的探讨中，应将以“人”为中心在教材基础之上向课外延展，并在课外延展之后回归于教材。这也应当是思政课程加强人文素养、提升人文境界的新范式。要在这种范式之中，探索一条破解教师“如何教”、学生“如何学”、学校“如何导”、社会“如何定位”等一系列问题的有效路径，进而使学生在以马克思主义“人”学视角来反观自身之时，以此视角来反思、批判人本主义思潮下“人”的问题，使思政课堂中社会意识形态规定的存在之根据性的此在，以一种排除了和某种不可能的或被非合理性要求的事物而加以自然而然地关涉，并在这种关涉之中加以引领。在此历史纵向与理论比较视域下，将思政课程中正确的世界观、人生观、价值观有机融入，帮助学生培育和践行社会主义核心价值观，作新时代的先行者。

① Martin Heidegger, *Sein Und Zeit*, Max Niemeyer Verlag Tübingen, 1967, p.223.

第三节 关键步骤：课程实践

马克思主义认为："生产，总是指在一定社会发展阶段上的生产。"[①]青年阶段是储备知识的阶段，而知识的生产是整个人类生产中不可或缺的组成部分，青年阶段知识的储备必然会深深地烙上"拔节孕穗期"这一发展阶段的鲜明特色，深刻理解这一特色并牢牢把握其规律将有利于触及思想政治教育内在的本真与结构，在种种普遍性之中凸显青年学生的特质，在思想政治"显性教育和隐性教育相统一"的日常状况中去现实地确证"所是者"，破解一切有待解决之矛盾而又不仅仅滞留于隔绝这一矛盾的事物与周遭存在之空间，以青春之我将理论的标杆建构于社会生产的现象实情之中，使思想政治教育这一活动过程同生产劳动和社会实践相结合。马克思主义认为，任何生产一方面是需要过去的、积累的劳动，哪怕这种劳动不过是由于反复操作而积聚在野蛮人手上的技巧；另一方面任何生产也都需要生产工具[②]。基于此，青年学生在生产知识之时，必然是立足于前人知识积累的基础之上，正所谓"合抱之木，生于毫末；九层之台，起于垒土"。欲长成"合抱之木"、搭起"九层之台"，则需将"人生的扣子从一开始就要扣好"[③]，发挥思想政治教育匡正人生每一步的作用，使个体自身本真地无限接近于一个真而亮的世界，使迷茫、困顿的在世情感彻底消散。思想政治教育同样需要有马克思主义所言说的"生产工具"，而思想政治教育的"生产工具"具有统一性和多样性，即既落实教学目标、课

①《马克思恩格斯文集》第8卷，人民出版社2009年版，第6—7页。

②《马克思恩格斯选集》第2卷，人民出版社2012年版，第685页。

③《习近平关于社会主义文化建设论述摘编》，中央文献出版社2017年版，第117页。

程设置、教材使用、教学管理等方面的统一要求，又因地制宜、因时制宜、因材施教。

为此，笔者认为应重点采取以下措施。一是增强思政课程理论的深度与思想的广度，让具有包容性与开放性的思政课堂走进学生视野，让某些流于“表象”的思政课堂沉寂于历史的角落；二是凸显思政课程的理想、信念、真理与价值追求，回应新时代诸多问题，绽出时代精神之绚丽风采，不仅关注学生的当下，而且关注学生的未来；三是在进行专题化教学时，采用对比的方法，突出社会主义意识形态与同时代其他意识形态相比的优越性，并让学生领会实际生活世界的某种真实的“聚合”，认识社会历史的发展趋势。

具体而言，在实施思想政治教育的过程中，教师可以先带领学生回顾西方思想政治教育的历史演变轨迹，然后以马克思主义思想政治教育回应、反思甚至批判西方思想政治教育，辨识之中让学生自觉认知马克思主义思想政治教育的定位与其作用，从而使思想政治教学实现“建设性和批判性相统一”。而这一切，将是在以社会实践为基础的思政课堂教学的认知中理解、把握马克思主义思政教育的真理与价值，而非臆断或独断。

在思政教学资源的运用中，应注意以下几点。一是有效运用高等学校设立的习近平新时代中国特色社会主义思想研究中心；二是充分利用超星、知网等网络资源；三是有效利用学校图书馆资源；四是充分利用学校思政课程的校外基地，深入社会实践。

在思想政治教育课程的创新上，应注意以下几点。一是理论上的创新与突破，不应局限于思政课程的课本之中，而是要进行适度的延伸，以拓展学生的视野；二是坚持马克思主义的立场、观点和方法，在比较与批判的视域中加以甄别，去伪存真，而非单纯地讲述马克思主义；三是培养学生在思政课堂上的反思、批判、辨识等能力，这种能力将使学生终身受益；四是创新教学手段，改变思政课堂古板、单一的教学方法，创造有思想深度、有历史维度、有理论根基、有情感温度，形式多样、内容丰富、生动活泼、严肃高效的思政课堂教学范式。

第二章　坚持以马克思主义为指导的高校思想政治教育

办好新时代高校思想政治教育，最根本的是要全面贯彻党的教育方针，解决好培养什么人、怎样培养人、为谁培养人这一根本问题。习近平总书记在全国高校思想政治工作会议上强调："办好我们的高校，必须坚持以马克思主义为指导，全面贯彻党的教育方针。要坚持不懈传播马克思主义科学理论，抓好马克思主义理论教育，为学生一生成长奠定科学的思想基础。"①

第一节　基本面：坚定共产主义理想信念的学科价值

社会主义教育从根本上来说就是培养人的教育，那么，培养什么样的人、怎样培养人、谁来培养人、为了谁去培养人就成为高校思想政治教育所面临的主要问题。人的培养关涉到德与才两个重要的方面，有德无才则是废人，有才无德则是危险之人。中华民族历史悠久、文化灿烂，有着极

①《习近平谈治国理政》第2卷，外文出版社2017年版，第377页。

其丰富的德育教育资源，这些历史上优秀的德育资源可资利用，而这种利用是有着严格的标准、范围的，其中主要的原则即能够适应社会所处时代的大的历史语境。当今中国的时代背景是全国各族人民正在中国共产党的带领之下聚精会神搞建设、一心一意谋发展，为实现中华民族伟大复兴的中国梦而团结奋斗。历史与现实反复证明，奠定了历史唯物主义和辩证唯物主义理论的是一些知识分子（马克思、恩格斯），发展这一理论的也是一些知识分子（考茨基、普列汉诺夫、拉布里奥拉、罗莎·卢森堡、列宁、葛兰西）[①]。高校广大的青年朋友们也是知识分子群体的重要组成部分，在一定意义上可以说赢得青年就是赢得对历史的正确认知、赢得当下与未来。因此，高校思想政治教育在育人上首先要以德为先。具体而言，要结合时代语境使高校学生在思想政治教育中加强对中华民族的认同感、对中国共产党的认同感、对社会主义制度的认同感，自觉将马克思主义立场、观点、方法作为自己在学校、社会上的立足点、出发点与支撑点。

坚定共产主义理想信念的学科价值在某种程度上来说也是一种意识形态安全的构建。意识形态的安全对于维护国家政治、经济、文化、制度等的安全起到非常重要的作用，而高校思想政治教育对意识形态安全起到重要作用。若要防止资本主义国家对我国进行的和平演变与支持资本主义复辟的颠覆性活动，就必须在广大的青年人中进行警惕教育、防患教育。从1956年的匈牙利“十月事件”，到20世纪80年代末90年代初的苏东剧变，再到1989年春夏之交发生在我国的政治风波，都向人们说明了意识形态领域斗争的激烈性。意识形态已经由纯粹的政府与政府之间、国家与国家之间的直接斗争演变为各种不同层级、不同领域之间的斗争。因此，西方马克思主义者卢卡奇在《历史与阶级意识》中认为，意识形态已经成为资产阶级国家维护其统治与攻击无产阶级国家的工具，通过精微而无声的方式渗透于人们的日常生活之中，不仅影响本国人民，而且对其他国家产生影

① 阿尔都塞:《保卫马克思》,顾良译,商务印书馆2016年版,第5页。

响。高校是意识形态工作的重要阵地，肩负着为社会培养并向社会输送大量人才的重要任务，而这些人才将成为国家重要岗位的生力军乃至主力军。高校中的青年是知识分子群体的重要组成部分，而知识分子与生产界之间的关系并不像与主要社会集团之间的关系那样直接，其关系在不同程度上受到整个社会结构和上层建筑体系的调解，而知识分子恰恰就是上层建筑体系中的“公务员”①，所以青年人的思想状况及对国家主流意识形态认同的程度就影响着国家建设的情况。高校思想政治教育在意识形态方面的工作情况，会直接或间接地影响社会其他部门意识形态工作开展的情况。而要抓好抓实高校思想政治教育在意识形态方面的工作，首先要坚持马克思主义在意识形态领域的指导地位，完善意识形态工作的体制机制。尽管社会主义意识形态终将战胜资本主义意识形态，但是也绝不可掉以轻心，因为意识形态最终取胜是一个极其漫长的过程，资本主义意识形态不会轻易退出历史舞台，必然会在各个领域作最后挣扎。我们有必要使高校的青年学生认识到这一点并积极为意识形态领域的各种斗争做好准备。

坚持以马克思主义为指导的意识形态是与我国历史相适应的，是与我国经济社会发展相适应的。就前者而言，新民主主义革命取得胜利之后，针对一些人对中国究竟是走资本主义道路还是走社会主义道路的困惑，毛泽东给予了明确而正确的回答。他说：“向资本主义，还是向社会主义？有许多人在这个问题上的思想是不清楚的。事实已经回答了这个问题：只有社会主义能够救中国。”②就后者而言，中国是社会主义国家，公有制为社会主义经济制度的基础，发展的成果归全体人民共同享有，而保障这一切的指导思想只能是马克思主义。在社会主义初级阶段以按劳分配为主体，到了共产主义阶段则按需分配。而在资本主义社会，“私有财产神圣

① 葛兰西：《狱中札记》，曹雷雨、姜丽、张跣译，中国社会科学出版社2000年版，第7页。

②《毛泽东文集》第7卷，人民出版社1999年版，第214页。

不可侵犯”的法律与制度原则，必然使生产成果最大限度惠及资产阶级本身。政治、经济、文化等虽然分属不同领域，但是在斗争的过程中它们会不可避免地彼此缠结在一起，当进行意识形态领域的斗争之时，其实就是同时在进行政治权利、经济利益与文化归属等领域的斗争，只有认识到了这一点，青年学生才能在坚定共产主义理想信念之时更加自觉地在意识形态领域进行坚决与有效的斗争。

对于意识形态领域的斗争，青年学生应该有所作为，不能被动防守。被动防守往往会被资产阶级意识形态的进攻带乱节奏、打乱步骤，而积极作为则意味着青年学生主动进入对马克思主义理论的学习之中，提早以马克思主义武装自己，提早在社会实践的大潮中锻炼自己，检验自己，发展自己，经历风雨的洗礼，增强斗争本领。意识形态属于上层建筑领域，这就意味着意识形态领域的斗争既可能在明线，又可能在暗线。青年学生人生阅历浅，判别能力有待加强，易意气用事，对处于暗线的意识形态的斗争往往不甚明了，因此需要加强青年学生的思想政治教育，提升其辨别是非的能力。高校作为加强青年学生思想政治教育的主战场，要认识到意识形态斗争独有的特点，不能在加强学生思想政治教育的过程中简单粗暴，而应有针对性地动之以情、晓之以理，以事理清晰的解答让青年学生心悦诚服，以情感有效的沟通使青年学生如沐春风。

思想政治教育中意识形态领域的构建，是一种思想的构建，而思想来源于社会文化这一土壤。由此，青年学生的意识形态构建要深深扎根于历史文化之中，应从中华优秀传统文化中汲取营养。马克思主义认为：“那种排除历史过程的、抽象的自然科学的唯物主义的缺点，每当它的代表越出自己的专业范围时，就在他们的抽象的和意识形态的观念中立刻显露出来。”①对于外来文化，既要看到其中的优秀因子，又要看到其反动腐朽的一面。辩证看待与批判性超越是对待传统文化与外来文化的基本原则。唯

① 马克思：《资本论》第1卷，人民出版社2018年版，第428页注(89)。

有如此，接受高校思想政治教育的青年学生才能更有底蕴、更有深度、更为准确地于历史唯物主义的视野中去坚持马克思主义的意识形态。

对于意识形态领域的斗争，要教会学生正确区分人民内部矛盾与敌我矛盾两种不同性质的矛盾。对于人民内部矛盾，要采取批评、教育等方式；对于敌我矛盾，要采取坚决、彻底的斗争。对这两种不同性质的矛盾的区分是在思想政治教育领域里构建意识形态安全保障的前提与条件。在当今社会，针对青年的意识形态教育是保障经济建设的重要方面，不但不能弱化、淡化，反而要凸显与加强。关于经济建设，经典马克思主义认为，科学技术是生产力且为第一生产力。西方马克思主义者哈贝马斯认为，科学技术既是生产力又是意识形态。现实世界中科学技术的发展已经深刻地改变与影响着人们的物质生活、精神生活、政治生活等各个方面，如何看待科学技术以及科学技术与意识形态之间的关系，将在一定程度上决定人们运用科学技术的可能与方向。我们可以看到，在现实世界中，资本主义国家为了满足资本家对剩余价值的追逐而限制先进的科学技术的推广使用，此时科学技术就不仅是生产力而且还带有意识形态的色彩。高校青年学生尤其是以后准备从事高科技工作的青年学生认识到这一点之后，将会更加自觉地思考一个问题：自己未来所从事的科学技术工作究竟为谁服务以及如何对科学技术的成果进行有效保护。从某种程度上来说，高校思想政治教育起到重要作用。

虽然思想政治教育中意识形态的构建与社会存在有着密切关联，但是这种关联绝不是将思想政治教育中意识形态的构建外在于社会存在，而是相反，即思想政治教育中意识形态的构建内在于社会存在。根据马克思主义的观点，即社会意识形态是由社会存在产生出来的，存在决定意识与意识形态。这就意味着，高校思想政治教育的对象应是社会生活中的现实存在，而非某种虚幻的、任意的、臆测的对象。正所谓“实践出真知”，实践同样出意识形态之正确认知，青年的思想政治教育或思想政治教育中青年之行为出发点，必须是社会实践。换言之，高校青年学生的思想政治教育必须从社会实践出发，在社会实践中进行与完成才有可能与意义。同时，青年学生必须认识到，思想政治教育虽然具有意识形态色彩，但是这种意识形态色彩在某一特定历史语境中是有其界域的。正因如此，不同的意识形态之间才出现了冲突，或彼此作用与消解。高校思想政治教育工作者认识到这一点之后，就可以认识到无产阶级意识形态与资产阶级意识形态之间是有着严格的界限的，不能将二者混为一谈。另外，我们可以在这种不同意识形态的区别与冲突中，一方面使青年学生保持清醒的头脑与警惕意识，避免被资产阶级意识形态侵蚀，另一方面使青年学生在与资产阶级意识形态斗争的过程中认识到斗争的对象之所在与斗争的长期性与艰巨性，同时坚定“两个必然”的信念。有了这种认知，青年学生自然会对福山关于历史与社会形态终结于资本主义的判断作出马克思主义的正确批判。虽然现代社会，人的思想、意识以及意识形态越发重要，但是这种重要性无法掩盖社会存在对于其的决定性作用，即我们必须在马克思主义历史唯物主义视域中来谈这种作用，意识形态的发展才有可能与意义。

坚定共产主义理想信念教育是高校思想政治教育极其重要的内容，更是实现中华民族伟大复兴中国梦的重要保障。习近平强调：“要教育引导学生……不断树立为共产主义远大理想和中国特色社会主义共同理想而奋斗的信念和信心。”[①]共产主义理想信念不仅关涉到青年世界观、人生观、价值观的树立，而且关涉到青年未来人生道路的选择，更是关涉到民族、国家、社会未来的发展与进步，意义非同寻常。无产阶级革命家马克思、恩格斯、列宁、毛泽东等在青年时期均有为了国家、人类的幸福与解放而奋斗终身的坚定信念，即使在面临国内外反动势力的攻击时也毫不畏惧。自鸦片战争以后，我们国家被列强欺辱、分割，不平等条约接踵而至，山河破碎，民不聊生，之所以能够涅槃重生，是因为我们有无数的志士仁人

①《习近平谈治国理政》第2卷，外文出版社2017年版，第378页。

抛头颅、洒热血，中国共产党成立以后，广大党员更是树立了为共产主义而奋斗的远大理想与坚定信念。

高校思想政治教育的主要对象是广大的青年学子，他们正处于世界观、人生观、价值观形成与发展的关键时期。青年学生在人生开启的初始阶段，会对自我定位与未来发展产生一定的困惑、迷茫，容易受到功利主义、拜金主义等的诱惑，若缺乏共产主义的理想信念做支撑，极易遭受不良思想的侵染或腐蚀而走上歧途。因此，把人生的第一粒扣子扣好，不仅对青年学生至关重要，而且关系到国家与民族的未来。为此，需要做好以下几点。

第一，通过思想政治教育来帮助青年学生树立正确的理想信念，在正确的理想信念的指引之下，青年学生能对自己的未来有更为清晰明确的规划，进而积极地投入为实现这一目标奋斗的征程之中。

第二，通过思想政治教育使广大青年学生认识到，坚持共产主义理想信念在某种意义上来说就是坚持马克思主义。广大青年学生一旦掌握了马克思主义这个伟大的理论武器，将会自觉将其运用到实践之中，抵制身边的不健康的思想与行为，这样青年学生的人生道路便会越走越宽、越走越明。

第三，通过思想政治教育使青年学生在面临人生困境时找到方向，在遭遇挫折时增强战胜困难的勇气。

第四，帮助青年学生充分认识到马克思主义在思想政治教育中的指导地位、核心地位。这需要从对国家政权的维护的高度来认识。因为国家是一个复合体，不仅是统治阶级为了维护本阶级利益而进行统治的工具，而且是统治阶级欲使被统治阶级积极响应这种统治的工具，而欲达到积极响应这种效果，意识形态的渗透与应用就成为其手段之一。当青年学生认识到这一点，站在无产阶级的立场上之后，就既能自觉维护无产阶级国家政权，同时又能对资产阶级国家利用意识形态颠覆无产阶级专政加以自觉抵制与时刻保持警惕。

第五，用武装起来的无产阶级意识形态与共产主义理想信念，去影响、说服社会上那些还未有此理想信念的人，影响一片带动一片，扩大无产阶级意识形态的影响力、彰显无产阶级意识形态的先进性。思想政治教育应该找到合适的方法，教育青年学生树立共产主义远大理想，牢牢把握人类历史发展的客观规律，自觉将坚定共产主义理想信念与对马克思主义真理的掌握紧密结合起来，不断增强应对各种风险与挑战的本领。

时代在发展、社会在进步、国家在强大，青年学子处于一个既复杂又可建功立业的伟大时期，中国特色社会主义新时代极其丰富的内涵又为青年学子坚定共产主义理想信念提供了新的内容、注入了新的活力、开拓了新的理论视野与实践维度。邓小平曾指出："我们马克思主义者过去闹革命，就是为社会主义、共产主义崇高理想而奋斗。现在我们搞经济改革，仍然要坚持社会主义道路，坚持共产主义的远大理想，年轻一代尤其要懂得这一点。"①

当今世界，社会处于飞速发展、急剧变革的历史时期，国家与民族的未来寄托于广大青年，新时代的青年要坚定道路自信、理论自信、制度自信、文化自信，增强政治意识、大局意识、核心意识、看齐意识，坚持马克思主义指导地位，自觉地、正确地去认识历史进程中事物发展的客观规律，树立战胜前进中困难的信心。在这一过程中，高校思想政治教育不可或缺，应做好以下几点。

一是要让青年自觉认识到个人的人生与国家、民族的命运是紧密关联在一起的，共产主义的理想信念与个人的人生追求具有一致性，二者是辩证统一、相互促进、彼此关联的。

二是要让青年在坚定共产主义远大理想信念与树立正确的世界观、人生观、价值观的同时，有正确的利益观，在个人利益与国家、集体利益发

①《邓小平文选》第3卷，人民出版社1993年版，第116页。

生冲突时，应自觉使个人利益服从于国家、集体的利益。

三是要帮助青年将坚定共产主义远大理想信念与个人的日常实践紧密结合起来，在为祖国为人民的奉献中实现个人的人生价值。

四是共产主义远大理想实现的重要依靠力量就是广大青年，青年必须先完成自我的改造与解放，因为一个没有先进青年引导与占据的社会，其发展的步伐必然会停止。

五是按照马克思主义对人的本质规定性的理解，青年是社会关系中的一部分并且青年身上也彰显着人的本质属性。处于社会之中的青年不是一个孤立群体，他们必然要和这个社会中其他群体产生各种关联。在为共产主义理想奋斗的过程中，青年人与社会上其他群体的关联也必不可少，因此青年人应该主动将自己对共产主义理想信念的追求融入所处社会其他群体的社会活动之中，既要积极参与广大人民群众的社会活动，又要旗帜鲜明地反对资产阶级的渗透、压迫等。

第二节　关键点：牢牢掌握党对意识形态工作领导权

无产阶级教育的任务之一就是培养社会主义建设者和接班人，思想政治教育是其重中之重，意识形态教育在思想政治教育中又处于十分重要之地位。在思想政治教育中，意识形态将对人们尤其是青年人的世界观、人生观、价值观起到塑造与改造的作用，若广大青年不自觉进行社会主义意识形态的塑造与改造，将不能成为一个有益于人民的社会主义建设者和接班人。

马克思主义意识形态在当代中国具有引领社会思潮与社会舆论之作用，它对广大青年具有巨大的心理影响与行为塑造作用，同时具有巨大的理论说服力。社会主义国家通过马克思主义的意识形态而将广大的包括青年在内的人们吸引起来、凝聚起来，对社会主义建设进行探讨，揭示社会主义建设过程中自然、社会包括人自身的规律。在社会主义革命与建设的过程中，马克思主义意识形态不断开辟着自身理论创新的新境界与实践的新场域，在批判式继承中展现出与时俱进的品质、包容吸收的品质、以人民为根基的情怀。青年人也应该在此语境中不断将马克思主义意识形态内化于心，不断增强自我反省与批判的能力，自觉抵制各种非无产阶级思想的侵蚀，增强对祖国的认同感。社会主义意识形态是以马克思主义为指导的多种意识形态的辩证统一，多种意识形态在马克思主义指导下存在与发展，这是社会主义意识形态包容性的体现。但是这种多元绝不能够颠覆马克思主义意识形态的指导地位，若否定了马克思主义意识形态的指导地位，多元便成为无序、退步的多元。这种多元的包容就成了没有原则的包容，必须要坚决加以反对与及时制止。广大青年马克思主义意识形态的形成是一个不断认识、实践的过程，绝非一蹴而就的。它一方面需要青年人保持一颗清醒的头脑，自觉与各种资产阶级意识形态作斗争；另一方面需要青年人不断提高自己在思想、理论与实践中的政治站位，增强与非无产阶级意识形态作斗争的本领。在这一过程中，学校需要做的是，“激发他们的兴趣，战胜旧的资产阶级偏见，吸引他们来参加我们正在进行的事业，使他们意识到我们的工作十分重大，只有进行这项工作，我们才能把这些受资本主义压迫的、资本主义与我们争夺过的群众引上正路”①。

历史唯物主义认为，不是意识决定物质，而是物质决定意识。这意味着，青年人在现实世界中实际生活的状况决定着其所具有的意识形态。青年人之所以认同以马克思主义为指导的意识形态，原因就在于青年人生活的实际状况使其感到幸福。这是社会现实中的人基于现实的认同与感受。而在资本主义社会，资产阶级极力掩盖其对工人所进行的剩余价值榨取这

①《列宁专题文集·论社会主义》，人民出版社2009年版，第175页。

一事实。在掩盖之余，资产阶级对无产阶级极尽攻击之能事。正如列宁所说："从资产阶级社会转向无产阶级政治是一个很艰难的转变，何况资产阶级还开动了全套宣传鼓动机器不断地诬蔑我们。资产阶级竭力抹杀无产阶级专政的一个更为重要的作用，即教育任务……无产阶级如果没有培养出高度的觉悟、严格的纪律以及在对资产阶级作斗争时的无限忠诚，就是说，如果不能完成无产阶级为完全战胜其宿敌所必须提出的一切任务，那就谈不到实现无产阶级专政。"[①]对于这一点，无产阶级与广大的青年人，应该将坚持正确的无产阶级意识形态聚焦于列宁所指出的"一切任务"，主要有：战胜资产阶级的形形色色的进攻；将社会主义社会的生产力推进到一个更高的阶段，并且在这个阶段有相较于资产阶级的绝对优势；青年人应该积极做好各种准备工作，学好知识，练好本领。"整个共产主义宣传归根到底要落实到实际指导国家建设。"[②]为此，应该做好以下几点。一是意识形态工作的实质内容应该建立在社会生产实践尤其是物质生产基础之上，意识形态工作的重心与方向应该以此来加以展开，既不能折腾又不能偏离；二是对于意识形态的宣传，应该有正确的舆论指向，即以经济建设作为意识形态宣传的载体与依据；三是这种宣传既有针对广大人民群众的，又有针对其中的重点群体，比如青年人的；四是对于意识形态的宣传，应是基于创新的宣传，即这种宣传既体现了之前意识形态宣传中的话语取向、价值意蕴，同时又有基于时代语境的话语主题、内容形式、表达范式，是对时代问题的集中体现与回应。

马克思主义认为："生产关系的总和构成社会的经济结构，即有法律的和政治的上层建筑竖立其上并有一定的社会意识形式与之相适应的现实基础。物质生活的生产方式制约着整个社会生活、政治生活和精神生活的

①《列宁专题文集·论社会主义》，人民出版社2009年版，第170页。

②《列宁专题文集·论社会主义》，人民出版社2009年版，第177页。

过程。”[1]我国实行公有制为主体、多种所有制经济共同发展，按劳分配为主体、多种分配方式并存，社会主义市场经济体制等社会主义基本经济制度，这是社会主义意识形态的基础与前提。因此，若要牢固树立社会主义意识形态，必须坚持与完善社会主义的基本经济制度。一方面我们必须毫不动摇巩固和发展公有制经济；另一方面我们必须在社会主义条件下，在社会主义法律法规规定的范围之内毫不动摇鼓励、支持、引导非公有制经济发展。公有制经济和非公有制经济都是社会主义市场经济的重要组成部分，唯有有效激活一切有利于发展社会生产力的要素、资源，才能又好又快地促进社会主义市场经济的发展，才能满足人民日益增长的美好生活需要，才能维护社会的稳定。这样才有利于社会主义意识形态安全体系的构建。

大学时期是青年学生世界观、人生观、价值观形成的关键时期。青年学生若要坚持社会主义意识形态，就要做好以下几点。

一是要自觉坚持社会主义民主。社会主义民主的本质是人民当家作主，这与以金钱为媒介的代表资产阶级利益的选举文化有着本质区别。因为社会主义是以全体人民共同占有生产资料的社会主义公有制为基础的，而资本主义是以资产阶级等少数人占有生产资料的私有制为基础的，对生产资料占有的主体的不同，意味着其所代表的利益群体也不相同。当生产资料属于全体人民之时，广大人民群众在生产实践的活动中能够实现自身的利益，因此其民主是人民的民主，人民也自发组织起来对这种民主制度加以维护和发展。这是一种真正的民主，真实的民主，是最广大社会成员的民主。当生产资料属于资产阶级时，最终受益者是资产阶级，因此其民主是资产阶级的民主，“资本主义社会讲的民主是资产阶级的民主，实际上是垄断资本的民主”[2]。这种民主对广大的人民群众而言是非民主的，

①《马克思恩格斯文集》第2卷，人民出版社2009年版，第591页。

②《邓小平文选》第3卷，人民出版社1993年版，第240页。

是虚伪的、金钱包装起来的民主。因此，青年学生应该提高认识，不被资产阶级宣扬的所谓的选举产生的民主所迷惑，认清其民主所立足的社会阶级立场以及其所指向的受益阶级，从而更加自觉与坚定地坚持社会主义民主，抵制与揭露资产阶级的虚伪的民主。

二是要自觉坚持中国特色社会主义。中国特色社会主义，承载着几代中国共产党人的理想和探索，寄托着无数仁人志士的夙愿和期盼，凝聚着亿万人民的奋斗和牺牲，是近代以来中国社会发展的必然选择。在中国共产党领导下，坚持和发展中国特色社会主义，实现中华民族伟大复兴，要求广大青年学生必须增强对中国特色社会主义的坚定信念。历史和现实都告诉我们只有社会主义才能救中国，只有中国特色社会主义才能发展中国。在当代中国，坚持中国特色社会主义，就是真正坚持科学社会主义。

三是要自觉坚持中国共产党领导的多党合作和政治协商制度。我们国家实行的是中国共产党领导的多党合作和政治协商制度，中国共产党是国家政治生活中的核心领导力量，各民主党派积极履行政治协商、民主监督、参政议政的基本职能。这与资产阶级政治架构中所实行的多党制或两党制等有着本质的区别。资产阶级政党制度虽然在具体形式上代表不同资产阶级的利益，但是无法改变其在整体意义上代表整个资产阶级的利益这一根本属性，其所具有的选举等形式上的民主掩盖不了其根本的阶级属性与阶级立场。中国共产党没有自己的私利，他们立足于人民的立场制定一系列的方针政策，作为世界上最大的马克思主义执政党，将权力的运用透明化、制度化，立党为公，执政为民。党和政府切实深化政治、经济体制改革，抓大放小，“放管服”相结合，充分调动能够促进生产力发展的各种要素的积极性。

四是要自觉坚持民族区域自治制度。民族区域自治制度是我国的基本政治制度，它是基于中国的历史、现状，对马克思主义民族理论与政策在实践中的开拓性发展。在民族区域自治制度下，汉族离不开少数民族，少数民族离不开汉族，各少数民族之间也相互离不开，各民族像石榴籽一样紧紧抱在一起、团结在一起。我国的民族区域自治制度，是东方社会主义革命在民族领域的成功实践。在民族区域自治制度的安排之下，民族的多样性得以保持，各民族原有的不同的风俗习惯得以传承，各民族的利益受到保护，享有充分的民族权益与发展空间。这对维护民族地区的稳定，促进社会和谐具有十分重要的作用。因此，有必要在广大青年学生中进行民族区域自治制度的宣传教育，而这种教育，既可以直接的、明显的方式开展，又可以间接的、潜在的方式开展。广大青年学生必须认识到，意识形态在民族工作中的重要作用。这既要求青年学生认清形势，在接受思想政治教育的过程中提升认知水平，又要求青年学生积极地锻造自身，为促进民族地区社会事业的发展作出积极贡献。

第三节 方法论：坚持以马克思主义为指导的学科建设

思想政治教育是以马克思主义为指导的学科，这既是由思想政治教育的学科性质决定的，又关系到我们党和国家培养的人才队伍的性质，更关系到在当下国际国内复杂形势下中华民族伟大复兴中国梦的实现。

第一，坚持以马克思主义为指导的学科建设，是巩固意识形态主阵地的需要。马克思主义对思想政治教育而言，是一种科学的理论指导。因为马克思主义是关于自然界、人类社会与人的思维发展的科学理论，而思想政治教育也是对受教育者进行的以自然界、人类社会与人的思维发展为主要内容的意识形态教育。二者在内容、价值旨趣与目标设定等方面都有高度的一致性。对思想政治教育之对象进行科学且完整的教育，关涉到思想政治教育未来的发展方向，欲科学有效完成所设定目标必须以马克思主义为指导。思想政治教育具有以下特性。

一是历史性。思想政治教育是一个长期的历史过程，在不同的历史阶段有着不同的教育者、受教育者，不同的具体内容、方式方法与目标。而要厘清思想政治教育的这些方面，必须摆正思想政治教育与马克思主义的关系，即在不同历史时期思想政治教育都需自觉地以马克思主义为指导，同时思想政治教育以其不同历史时期的具体内容与发展来推动马克思主义的丰富与发展。

二是发展性。马克思主义与思想政治教育都是动态发展着的，而非形而上学的，这种发展既是对历史的继承，又是对历史的超越，即在继承与发展中实现辩证统一。一方面，思想政治教育需根据自身发展的特征、因素、条件等制定出相应的路径及目标规划；另一方面，这些路径及目标规划要以马克思主义为指导，与马克思主义的发展阶段保持一致，以马克思主义的发展来带动思想政治教育的发展，以实现思想政治教育发展的科学性与可持续性。

三是批判性。自然界与人类社会存在着矛盾，矛盾是社会发展的动力，思想政治教育即是基于马克思主义视角而对诸多矛盾进行的回应。一方面思想政治教育基于矛盾问题域而产生；另一方面在回应这些矛盾之时，之前的思想政治教育的某些方式和内容可能会因新情况的出现而呈现出某些不适，为此，思想政治教育要正视与解决自身可能存在着的某些问题。人是马克思主义与思想政治教育的题中之义，以马克思主义观之，人在本质上是一切社会关系的总和，处于各种社会关系之中的人既是马克思主义指导下思想政治教育的出发点，又是其中的重点，还是未来之预设目标。因此，思想政治教育必须以人的内在价值尺度与外在发展规划作为标准，实现内在尺度与外在尺度的辩证统一。在这一过程中，人对人的依附、人对物的依附、人的自由全面发展是三个不同历史阶段。在剥削阶级社会中，思想政治教育是为了实现、维护剥削阶级的利益而进行的，是统治阶级的工具，尤其是在资本主义社会，思想政治教育的欺骗性与隐蔽性前所未有，资产阶级所宣扬的自由、平等、博爱成为一纸谎言，只有到了社会主义社会与共产主义社会，人才能成为目的而非手段。当今社会，人所处的环境呈现出前所未有的复杂性，人的发展的目标设定与自身价值的实现也更加多样化与个性化，如何在这种新的语境中实现马克思主义所预设的人的自由而全面发展，是思想政治教育需要回答的问题。而这一目标的实现也绝非一蹴而就的，其过程是极其漫长的，因为受制于生产力与生产关系的辩证运动、受制于经济基础与上层建筑的彼此作用、受制于思想政治教育所处社会的现实状况与各种力量的对比与角逐，其中任何一种因素或力量都有可能成为影响思想政治教育取得成功的关键因素。因此，需要对思想政治教育进行整体的、辩证的、历史的解读。

第二，思想政治教育为找到人类社会发展之路提供方法论原则。当今世界，资本主义与社会主义共存。资产阶级通过意识形态的渗透、各种腐朽文化的浸染而逐渐形成对社会主义的“围剿”。如何应对这种复杂与严峻的挑战？马克思主义为思想政治教育提供了最基本的立场与方法论原则。

一是实践的方法。马克思主义批判性地超越了费尔巴哈的直观唯物主义。费尔巴哈的人本主义将人、人之活动与思想置于感性直观之中，导致人在认识与改造社会的现实运动中，主体维度上的主观能动性被泯灭，人的实践被“直观”。正如马克思主义所批判的那样，费尔巴哈“把人只看做是‘感性对象’，而不是‘感性活动’，正是在共产主义的唯物主义者看到改造工业和社会结构的必要性和条件的地方，他却重新陷入唯心主义”[①]。费尔巴哈将人的活动理解为人的感性直观，这意味着费尔巴哈在人的活动的考察中，在社会历史的认知中，屏蔽了实践这一本质性内涵，自然也就无法理解在实践基础上构建的人类社会的社会关系之本质。费尔

①《马克思恩格斯文集》第1卷，人民出版社2009年版，第530页。

巴哈式的社会关系本质的剥离将不可避免地陷入对思想政治教育的曲解之中，思想政治教育中对“人”的历史的考察或社会方面的考察也会落入唯心主义视域之中。费尔巴哈唯物主义出现了一种“半截子”唯物主义的怪相，换言之，费尔巴哈唯物主义并不具有革命的彻底性。马克思主义展开了对费尔巴哈唯物主义的批判并将实践的内核有机嵌入其中，使唯物主义进入新的历史阶段。诚如马克思主义所认为的那样，“在思辨终止的地方，在现实生活面前，正是描述人们实践活动和实际发展过程的真正的实证科学开始的地方”[①]。正是由于马克思主义完成了对费尔巴哈唯物主义的批判与超越，唯物主义进入历史唯物主义中的实践环节。实践成为马克思主义的重要内核，成为以马克思主义为指导的思想政治教育的坚实基础。社会主义视域下的思想政治教育就与之前剥削阶级社会中的思想政治教育有了本质区别。实践的本体论奠定了马克思主义视域下思想政治教育的基石与方法论原则，唯物主义从此革命性地走向不断批判与超越。自然的人化是实践的产物，社会生活中的活动是实践活动，人的思维的器官与人的思维活动本身是实践的产物与实践活动。实践在客观世界中，思想政治教育活动就是这种客观世界中人的社会意义上的活动，思辨已经脱离纯粹的形而上学的思辨，成为社会实践语境中的辩证法。人们从物质性的实践活动出发来进行社会生产实践、精神文化实践等，人的思想与思想政治教育活动就在这种物质性的实践活动基础上不断走向深入。

二是矛盾分析的方法。矛盾分析的方法是马克思主义方法论的重要原则。马克思主义认为，社会的基本矛盾是生产力与生产关系、经济基础与上层建筑的矛盾，“一切历史冲突都根源于生产力和交往形式之间的矛盾”[②]，“一切社会变迁和政治变革的终极原因，不应当到人们的头脑中，到人们对永恒的真理和正义的日益增进的认识中去寻找，而应当到生产方

①《马克思恩格斯文集》第1卷，人民出版社2009年版，第526页。

②《马克思恩格斯文集》第1卷，人民出版社2009年版，第567—568页。

式和交换方式的变更中去寻找"[①]。社会主要矛盾是在社会某一时期突出表现出来的矛盾，在某一历史时期相对稳定，但是会随着历史条件、社会主要问题的发展变化而发生变化。社会基本矛盾决定着社会其他矛盾的变化，社会主要矛盾是由社会基本矛盾决定的，并在某一历史时期突出表现出来。奴隶社会、封建社会、资本主义社会的主要矛盾分别表现为奴隶主阶级与奴隶阶级、封建地主阶级与农民阶级、资产阶级与无产阶级之间的矛盾。在中国，社会主义革命取得胜利并且建立起社会主义制度之后，在不同的历史时期社会主要矛盾并不一样。1956年中共八大指出，我国社会的主要矛盾是人民对于经济文化迅速发展的需要同当前经济文化不能满足人民需要的状况之间的矛盾。1981年十一届六中全会通过的《关于建国以来党的若干历史问题的决议》中指出，我国社会的主要矛盾是人民日益增长的物质文化需要同落后的社会生产之间的矛盾。习近平总书记在党的十九大报告中明确指出："我国社会主要矛盾已经转化为人民日益增长的美好生活需要和不平衡不充分的发展之间的矛盾。"[②]

由上观之，社会基本矛盾与社会主要矛盾一直是分析社会的重要方法论原则。马克思主义视域下思想政治教育必定在这一方法论原则框架之内进行。具体而言，当基于社会基本矛盾加以考察时，可以发现剥削阶级社会中，两大对抗阶级之间不可调和的矛盾是社会主要矛盾，其思想政治教育就是基于维护剥削阶级的根本利益而进行的，尤其是到了资本主义社会，思想政治教育的方式方法更加多样与具有迷惑性。以美国为例，其在好莱坞影片、铺天盖地的媒体宣传中宣扬以美国为首的资本主义国家所谓的自由、平等与博爱等价值原则，从而维护资产阶级的根本利益。在这种思想政治教育中，充斥着大量的腐朽、堕落、色情、反动的文化因子，某

① 《马克思恩格斯文集》第3卷，人民出版社2009年版，第547页。

② 习近平：《决胜全面建成小康社会　夺取新时代中国特色社会主义伟大胜利——在中国共产党第十九次全国代表大会上的报告》，人民出版社2017年版，第11页。

些丧失批判意识与能力的群众尤其是青少年就容易成为资产阶级所宣扬的价值观的受害者。在中华人民共和国成立之前，中国共产党在全国民众中宣扬爱国主义教育、革命英雄主义教育，唤醒广大民众独立、民主、自强的意识，使他们为实现中华民族的独立而努力奋斗。新中国成立之后尤其是1956年社会主义改造完成之后，我们所进行的社会主义思想政治教育的目标就相应地调整为集中精力进行社会主义现代化建设。

三是历史分析的方法。历史分析的方法是将特定事物或人物置于特定的历史时期加以考察的马克思主义的方法论原则。历史分析的方法强调在历史语境中基于科学的、实事求是的态度，从历史、现实、未来三个维度对特定事物或人物加以考察，并且这个考察经得起历史的检验。这种考察的最基本的特征有两个：一方面，特定历史语境中事情的发生、发展及结局有特殊规律，必须遵循这一规律，客观地加以对待；另一方面，人在这一历史语境中，无论是作为亲身经历者，还是作为间接经历者，抑或后来考察者，均具有主体的能动性，这种能动性与人的实践性及人的本质密切关联。为此，需要做到以下两点。

其一，要将思想政治教育与社会历史的客观规律紧密结合。思想政治教育在某种程度上来说是基于现实斗争与生产的需要开展的，而现实是对历史的传承与超越，历史与现实具有连贯性及内在的统一性，若没有历史的维度与对历史规律的正确把握，对现实的认知与把握必将是扭曲的与错误的，因此历史的与现实的是有机统一的，割裂历史的现实是无法立足的，割裂现实的历史无法感知历史的趋势及规律，同时纯粹意义上的历史在某种程度上来说毫无意义，因此对待历史与现实需从整体的观点出发。在思想政治教育中，我们既要看到社会历史中的事件，更要看到这些事件背后的人，因为人是事件的主体，没有人的历史的演进与发展是不可能的。而对待这些历史事件中的人与事件本身，需立足于一定的阶级立场。马克思主义视域下的思想政治教育则是立足于无产阶级的立场加以判别的。具体来说，就是用历史思维去看待历史问题，有善于总结历史规律的能力与方法。不难发现，历史问题在某种程度上来说可以归结为马克思主义所强调的生产力发展的问题与经济基础决定性的问题。诚如马克思主义所认为的那样，“我们自己创造着我们的历史，但是第一，我们是在十分确定的前提和条件下创造的。其中经济的前提和条件归根到底是决定性的”①。在进行思想政治教育时，讲好历史、运用好历史就成为一项十分重要的课题，而这恰恰是服务于现实的。为此，我们在讲述改革开放的历史选择之时，就必然涉及马克思主义历史观视域下生产力与经济基础的决定性作用这一基本历史观及原理，必然会将新中国成立后至改革开放前的历史与改革开放后的历史加以整体认知与对待，“不能用改革开放后的历史时期否定改革开放前的历史时期，也不能用改革开放前的历史时期否定改革开放后的历史时期”②，任何割裂二者之间历史联系的观点与做法必然遭到历史最终的清算。历史观从某种意义上来说也是一种世界观、人生观、价值观，坚持了正确的历史观则意味着坚持了马克思主义，坚持了马克思主义指导下的思想政治教育的正确方向。

其二，要将思想政治教育与社会历史发展的趋势紧密结合。在这种结合中，通过思想政治教育来主动凸显未来路径规划、选择与实践中的人的主观能动性。唯物史观认为，需从现实的语境中尤其是现实语境中人的维度去看待历史，因为人组成了社会并形成了社会的历史，处于社会关系之中的人在创造历史的同时继续推动着新的历史进程。思想政治教育的历史观需将以人为出发点的历史、围绕着人展开的社会实践的历史、以人为旨趣与目的的历史深入贯穿于其中，并在这种贯穿中，总结出历史规律，指导未来社会发展，规划未来社会发展之路径，这种指导与规划绝不仅仅是针对宏观视野下的社会、民族、国家的发展而言，对于一个个生动的个体

①《马克思恩格斯文集》第10卷，人民出版社2009年版，第592页。

②《习近平谈治国理政》，外文出版社2014年版，第23页。

而言同样如此，其内容十分丰富，既有物质层面的，又有精神信念方面的。习近平总书记指出要“引导学生扣好人生第一粒扣子”①。若没有基于无产阶级立场的正确的历史观教育，将无法找到第一粒扣子的正确位置。同样，一个民族国家，当下的现实定位必然依托于历史的定位，如此方可走向未来，正所谓“不忘本来、吸收外来、面向未来”。在面向未来时，作为社会历史中主体的人不能脱离具体语境、社会条件、发展状况，不能违背社会历史发展的客观规律与趋势，同时，在这种社会历史发展的客观规律与趋势中，不能忽视或扭曲人的实践性、主观能动性。

四是阶级分析的方法。马克思主义认为，分析社会主要矛盾应该分析矛盾双方的阶级地位、阶级利益与阶级立场。不同的阶级地位、阶级利益与阶级立场形成了不同的阶级，不同阶级之间所产生的关系是社会关系的基本组成部分之一。由于人们对生产资料占有的不同，必然出现阶层的分化直至出现两大对抗阶级。具体而言，原始社会末期，由于生产力的进一步发展，出现了剩余产品，氏族部落部分成员占有这部分剩余劳动产品，阶层出现并逐渐形成阶级。因此，生产力的发展奠定了阶级产生的基础，阶级是社会发展到一定阶段的产物。到了奴隶社会，阶级关系表现为奴隶主阶级对奴隶阶级的压迫剥削以及后者对前者的反抗。在封建社会，阶级关系表现为封建地主阶级对农民阶级的压迫剥削以及后者对前者的反抗。在资本主义社会，阶级关系表现为资产阶级对无产阶级的压迫剥削以及后者对前者的反抗。马克思在《资本论》中通过剩余价值理论来揭示资产阶级剥削无产阶级的秘密，无产阶级创造出比自身价值更大的价值即剩余价值，而这部分价值被资产阶级无偿占有。综上，阶级利益的对立产生了阶级斗争。换言之，阶级斗争集中表现为不同阶级争取各自阶级的利益，而这方面的斗争集中表现为经济斗争，此外，政治斗争是阶级斗争的最高形

① 习近平:《思政课是落实立德树人根本任务的关键课程》,人民出版社2020年版,第12页。

式，战争是阶级斗争的直接形式。政治是不流血的战争，战争是流血的政治。

马克思主义同时认为，阶级随着社会生产力的发展而逐渐消亡，最终人类会进入一个无阶级的社会即共产主义社会。在共产主义社会，生产力得到充分发展，形成自由人联合体，每个人的自由发展是一切人的自由发展的条件。在阶级社会，对生产资料占有的差异既是阶级对抗的根源，又是阶层分化的根源。在这个基础上，不同阶级为了维护或争取自身的阶级利益而采取有利于自身阶级立场的政治主张、文化宣传等。因此，我们在进行阶级分析时，既要考察社会中不同阶级对生产资料的占有，还应考察上层建筑中不同阶级的阶级主张、文化精神等。奴隶社会、封建社会、资本主义社会中不同对抗阶级之间所形成的阶级矛盾与阶级对立的考察均应立足于这一视域。资本主义社会中资产阶级为了维护自身的利益，必然对无产阶级进行剥削与压迫，无产阶级为了反抗这种剥削与压迫，必须进行阶级斗争。而当无产阶级取得胜利建立了社会主义国家之后，资产阶级的反扑与渗透并不会因此而终止，相反，资产阶级意识形态与资产阶级的各种文化渗透时时处处都存在着。因此，对于社会主义国家与无产阶级而言，加强思想政治教育就成为有效对抗资产阶级意识形态渗透与资产阶级侵略的有效方式。资产阶级维护自身利益的各种武器，反而成为无产阶级认识这场斗争最好的思想政治教育教材。在这场斗争中，“无产者没有什么自己的东西必须加以保护，他们必须摧毁至今保护和保障私有财产的一切”[①]。无产阶级的思想政治教育既是一种阶级斗争，更是一种思想斗争。

无产阶级的思想政治教育工作者在运用阶级分析的方法的时候，需要把握以下两个原则。一要坚持系统性原则。阶级社会虽是一个有机统一整体，但是其内部包含多个具体部分，有生产力的系统，有生产关系的系统，有经济基础的系统，有上层建筑的系统，等等。虽然这些系统之间彼

①《马克思恩格斯文集》第2卷，人民出版社2009年版，第42页。

此关联并具有十分复杂的关系，但是对于具体条件与问题，应立足于某一系统具体分析。二要坚持主客统一原则。不同阶级社会中的阶级状况、同一阶级社会中的阶级状况在不同历史时期不尽相同，这是客观的，不能不作具体分析。同时作为具体分析的主体的人的阶级地位、阶级立场、阶级情感、阶级判断等均具有主观性，所以思想政治教育需坚持主客统一原则。

第三章　积极利用网络赋能高校思想政治教育

2015年1月，中共中央办公厅、国务院办公厅印发《关于进一步加强和改进新形势下高校宣传思想工作的意见》，意见强调指出，意识形态工作是党和国家一项极端重要的工作，高校作为意识形态工作前沿阵地，肩负着学习研究宣传马克思主义，培育和弘扬社会主义核心价值观，为实现中华民族伟大复兴的中国梦提供人才保障和智力支持的重要任务。做好高校宣传思想工作，加强高校意识形态阵地建设，是一项战略工程、固本工程、铸魂工程，事关党对高校的领导，事关全面贯彻党的教育方针，事关中国特色社会主义事业后继有人，对于巩固马克思主义在意识形态领域的指导地位，巩固全党全国人民团结奋斗的共同思想基础，具有十分重要而深远的意义[①]。深入贯彻落实意见精神，认真研究网络环境下高校思想政治教育的必要性和新思路，是新时代高校思想政治教育工作者的一项重要任务。

① 中办国办印发:《关于进一步加强和改进新形势下高校宣传思想工作的意见》,中华人民共和国教育部官网,http://www.moe.gov.cn/jyb_xwfb/s5147/201501/t20150120_183166.html。

第一节 必要性：当前高校思想政治教育存在的问题

经济全球化，一方面加强了社会主义国家与资本主义国家的交流、交往与合作，另一方面资本主义国家的敌对、反动势力对社会主义国家的渗透、颠覆活动也空前加剧与隐蔽，“意识形态领域看不见硝烟的战争无处不在”[①]。资本主义国家意识形态的渗透通常采取强制与柔性两种方式，强制的渗透方式比较容易发现，而柔性的渗透方式有时则不容易辨别。根据以往经验，青年是境内外反动势力拉拢、腐蚀、分化的对象。在全球一体化的历史进程中反对和平演变、维护国家主权与利益，在当下及未来的竞争中立于不败之地，从某种程度上来说，做好青年工作是关键，而思想政治教育则是关键中的关键。改革开放以来，我国高校思想政治教育取得了显著成就，为社会主义事业的发展作出了重大贡献。我们应当看到，当前高校思想政治教育取得的成就是占主导地位的；同时我们也应当看到，当前各种思想相互激荡、各种文化相互交融、各种观念相互碰撞，高校思想政治教育仍存在以下问题。

一是部分高校对西方资本主义文化渗透的警觉性不高。西方资本主义国家在文化内容、价值观念、意识形态、生活方式等方面对我国的渗透从未停止，并且方式越来越多样、手段越来越隐蔽。青年学生是思想最为活跃、接受新事物最为快速的群体，也是未来会成为社会中坚力量的群体。但是，青年学生社会阅历有限，辨识能力较弱。由此，西方敌对势力将高校尤其是高校中的青年学子作为其渗透的重点对象，部分高校在这方面警觉性不高、斗争意识不强。

①《习近平关于社会主义政治建设论述摘编》，中央文献出版社2017年版，第18页。

二是部分高校既缺乏对资本主义文化与意识形态主动出击、主动揭露的自觉，又缺乏对社会主义文化与意识形态自觉维护的意识，往往是被动“应战”。这就导致对资产阶级的挑衅与进攻所制定的应对方案不够完善。具体表现为：有些高校不甚了解资本主义对广大青年学生采取拉拢、腐蚀、分化的方式有哪些，存在于哪些领域；有些高校不甚了解与掌握青年学生的立场以及他们是否愿意去作坚决的斗争，以及如何斗争；部分高校对资本主义意识形态对学生影响的状况没有作充分的调查，更没有积极按照党与政府的要求采取一些防范措施。高校不是世外桃源，不可能脱离现实社会环境而独立存在与发展，社会主义的高校必然会受到资本主义意识形态的渗透与影响，高校针对青年学生的思想政治教育工作就极为重要与迫切。

三是部分高校思想政治教育工作易受到干扰。高校本应是进行思想政治教育的重要阵地，高校教师是引领社会发展的重要力量，但是高校个别教师也易受到名利世俗的影响，把精力更多放在自身职称评选上，而忽视教学与学生思想政治状况。部分学生把分数看得高于一切，把全部精力放在考证、升学上，对思想政治教育课程不够重视。

四是部分高校思想政治教育工作做得不够彻底，存在着对某些腐败现象认识不足、批判揭露不够的情况。中国高校的主流是昂扬向上、充满正能量的，但是部分高校出现了学术腐败、教师道德失范的现象。某些高校在进行思想政治教育时未对这类现象进行深入批判，导致学生认识不足，让反动势力有机可乘。党的十八大以来，国家一直强调全面从严治党，把纪律挺在前面，反腐利剑频频出鞘，形成了巨大的震慑作用，反腐败取得了历史性成就。这些成就可以作为高校思想政治教育工作中反腐成就的生动素材，帮助青年学生树立正确的世界观、人生观与价值观。

五是某些高校缺少独创的思想政治教育工作方法。思想政治教育是一项十分复杂的工作，虽然有一些指导性的一般原则，但是这些一般原则并不能生搬硬套到不同类型的高校与不同的教育对象身上。每一所高校都有其特殊之处，每一个青年学生都有其特殊之处。高校应在一般原则之下，针对不同的教育对象，有针对性地、开创性地开展思想政治教育工作。例如，边疆民族地区的高校，应根据其文化风俗、生活习惯、认知特点将民族文化元素融入思想政治教育工作中，对一些民族风俗予以尊重，对一些民族地区的青年学生予以关照。再如，艺术类高校，应将思想政治教育融入艺术作品的创作、欣赏中，使青年学生既感受到学习本专业的乐趣，又受到健康文化的熏陶。

六是利用互联网等手段进行思想政治教育的力度不够。当今世界，西方资本主义国家利用互联网不断地对社会主义国家的青年学生进行拉拢与腐蚀，妄图改变他们的世界观、人生观、价值观。失去互联网阵地的思想政治教育是危险与失败的，后果非常严重。为此应做到以下几点。第一，高校应加强对校内互联网的监管，防止西方国家利用互联网向青年学生进行的西方意识形态等的宣传；第二，高校应在互联网上开发一些具有吸引力的、适合青年学生身心发展特点的思想政治教育栏目，使学生成为思政课堂上的“抬头族”与互联网上思政教育栏目的“低头族”。

七是部分高校对校园文化建设缺乏积极引导、有效管理。校园文化体现一所高校独有的历史、文化等，校园是各种思想文化碰撞交流交锋的地方。青年学生通常通过参与校园文化活动展现自我、结交朋友。然而，社会上的一些商业团体、经济组织通过各种形式，给自己的不法行为披上文化的外壳，通过商业化的运作，使学生染上不良行为，严重干扰学生的正常学业，影响其健康成长。高校应对校园文化建设进行积极引导、有效管理。

第二节 新思路：开辟网络思想政治教育的新路径

马克思主义认为，人的发展是多维的，既有物质上的满足，又有精神文化上的需求。现代社会，信息技术的发展与进步对人的发展的支撑手段更加多样化与便利化。互联网作为现代社会中必不可少的一种重要工具，已经走入“寻常百姓家”，在现代教育尤其是思想政治教育中扮演着愈发重要的角色。

黑格尔将人理解为纯粹抽象思辨的精神个体，费尔巴哈将人理解为唯物的具有人本主义色彩的抽象的人。人由此成为被动的适应环境之动物，在历史观上落入唯心主义之中。而马克思在批判黑格尔与费尔巴哈关于人的理解的基础上，在被恩格斯称为“包含着新世界观的天才萌芽的第一个文件”[①]《关于费尔巴哈的提纲》中将实践契入人的社会关系之中，在人的社会历史语境中去考察人的过往、当下与未来，人由纯粹理性、精神单一之个体变成实践活动语境中复杂且生动之复合体。

网络不但将人的本质更加凸显出来，而且延展了人的活动的范围、丰富了人的活动的内容，使人与人之间的交流交往更加频繁，但同时也将虚拟世界中未知的领域与不确定性问题暴露出来。如何在网络环境中加强思想政治教育的人文关怀是一个需要认真对待的问题。互联网的“冰冷”并不意味着思想政治教育的“冰冷”，相反，思想政治教育应该是有温度、有深度、有力度、有高度的。青年学生要自觉养成独立思考、判断的品质，不盲目、不随大流，以事实为根据，以理性逻辑为方向，以实践为遵循。

①《马克思恩格斯选集》第4卷，人民出版社1995年版，第213页。

当下，许多高校都在积极推进数字化校园建设。一方面，数字化校园建设为广大教师在互联网模式下进行思想政治教育提供了极大的便利，为青年学生提供了获取海量信息的技术支撑，学习通、腾讯会议等APP为学习打卡、在线作业的布置与完成、及时辅导与反馈、学习效果监测、师生课堂互动等提供了便利；另一方面，网络教学也使广大学生在无形中养成了经常上网的习惯，学生由纯粹利用网络学习变成通过网络交友、打游戏等，对某些社会热点问题的看法也容易被网络上某些群体或势力影响，失去自我辨别的能力。为此，应净化校园网络环境，对广大青年学生进行正确引导，适时监管，及时处置舆情偏差等突发性事件，使广大青年学生在健康、向上、积极的网络空间与校园文化环境中成长。

马克思主义认为，“人创造环境，同样，环境也创造人”①。环境既包括人自身的内在环境，又包括学校、家庭等外在小环境，还包括整个国家、社会乃至世界外在大环境。青年学生在接受思想政治教育的过程中，绝不能只是被动地适应环境，而是要发挥主观能动性、坚定理想信念，通过内在环境的改变来带动学校、家庭外在小环境的改变，并为改变国家、社会乃至世界外在大环境而努力。

技术来源于人的社会生产实践，作为社会主体的人在技术发展中起着重要作用，技术应服务于人。技术的发展与进步推动着人类社会的发展与进步，同样人类社会的发展与进步也进一步推动着技术的发展与进步，二者相互促进。因此，以人为核心与目的的思想政治教育工作，自然应该将技术作为手段、方式，通过创造性地使用互联网这一新技术，赋予思想政治教育工作更为高效、更为科学的范式。2021年7月，中共中央、国务院印发《关于新时代加强和改进思想政治工作的意见》，指出加强网络思想政治工作，深入实施网络内容建设工程，加强网络传播能力建设，依法加强网络社会管理，推动思想政治工作传统优势与信息技术深度融合，使互

①《马克思恩格斯文集》第1卷，人民出版社2009年版，第545页。

联网这个最大变量变成事业发展的最大增量。

开辟网络思想政治教育的新路径需要注意以下几点。

第一，高校要积极作为，探索网络思想政治教育新方式。网络空间具有交互性和开放性等特点，成为大学生网民交友和发表自身观点的平台，大学生的网络参与度较高，自我表达的意愿较强烈。高校在开展思想政治教育的过程中，应顺势而为，充分发挥互联网的作用。同时高校也应该加强引导，净化校园网络环境，丰富网络思想政治教育渠道，创新网络思想政治教育形式，整合网络思想政治教育内容，以达到最优的教育效果。

第二，家长要以身作则，帮助青年学生培养积极向上的思想品质。习近平总书记强调："家庭是人生的第一个课堂，父母是孩子的第一任老师。"[①]家庭教育环境对青年学生思想品质的培养有着十分重要的影响，家长要提高自身的网络素质，清醒认识网络的两面性，合理利用互联网资源，自觉远离"低层次"网络信息，起到良好的榜样作用，为青年学生营造一个良好的家庭网络氛围，促进学生思想品质的提升，帮助其成为社会需要的具有较高思想道德素质的优秀人才。

第三，青年学生要提高辨别意识，合理利用网络。网络中的思想政治教育资源非常丰富，青年学生在选择和使用时要注重知识的科学性和严谨性。网上有些信息没有经过严格审核，缺乏权威性和准确性，青年学生要注意分析和研究，注意辨别信息真伪。

我们还可以通过互联网来开阔青年学生的视野，增强青年学生对思想政治教育的认知，使他们提升学习的兴趣，释放学习的潜能，实现学习的目的。

①《习近平谈治国理政》第2卷，外文出版社2017年版，第354页。

第四章　有效推进红色资源融入高校思想政治教育

文化在一个民族与国家的发展过程中起到重要的不可替代的作用。以马克思主义的视角加以解读，文化就是人类历史演变过程中的物质文明与精神文明的辩证统一。在不同的历史时期与社会形态之下，文化也展现出不同的内涵与形式。

第一节　协同与并进：红色文化与思想政治教育

红色文化是中国共产党以马克思主义为指导，吸收中外优秀文化创造的先进文化，代表了中国共产党人和广大民众的优良品格，不仅是中国人民价值观念体系中的重要组成部分，更是凝聚国家力量和社会共识的重要精神动力，蕴含着丰富的革命精神和厚重的历史文化内涵，是一种重要的资源，是文化的一种特殊形态。红色文化和红色精神密不可分。红色精神的根本指引是马克思主义，其形成路径是马克思主义中国化的具体实践，其未来指向是共产主义社会。红色精神集中表现为：坚定信念、艰苦奋斗，实事求是、敢闯新路，依靠群众、勇于胜利的井冈山精神；把全国人民和中华民族的根本利益看得高于一切，坚定革命的理想和信念，坚信正义事业必然胜利的长征精神；天下兴亡、匹夫有责的爱国情怀，视死如归、宁死不屈的民族气节，不畏强暴、血战到底的英雄气概，百折不挠、坚忍不拔的必胜信念的抗战精神；全心全意为人民服务的张思德精神；热爱祖国、无私奉献，自力更生、艰苦奋斗，大力协同、勇于登攀的“两弹一星”精神；解放思想、实事求是，敢闯敢试、勇于创新，互利合作、命运与共的改革开放精神；上下同心、尽锐出战、精准务实、开拓创新、攻坚克难、不负人民的脱贫攻坚精神；等等。

在新的历史时期，红色文化也是一种重要的教育资源，将红色文化与高校思想政治教育结合，有利于传承红色基因，更好地回应“培养什么样的人、如何培养人，为谁培养人”的时代命题。红色文化教育以人为出发点，以人的全面发展为目的，通过历史人物、历史事迹使受教育者受到感染，不断成长。应该在青年人集中的高校，有针对性地开展以红色文化为载体的马克思主义意识形态教育，其方式可灵活多样，其内容可丰富多彩，这一点十分重要。正如邓小平同志所说的那样，“十年来我们的最大失误是在教育方面，对青年的政治思想教育抓得不够，教育发展不够”[①]。

改革开放之后，我国呈现出各种文化并存的局面，既有中华优秀传统文化、红色文化，又有开放之后涌入的某些腐朽堕落的资产阶级文化，还有某些地区局部存在着的封建文化残余，文化生态较为复杂。如何引导青年学生自觉践行社会主义文化，是摆在我们面前的重要的课题。我们必须使科学的民族的大众的社会主义先进文化，占据文化主战场与意识形态领域的主阵地，同时，坚决批判与反击非社会主义文化与非社会主义意识形态的进攻。与此同时，高校思想政治教育也要根据时代与形势的变化在教育内容、教育方法上进行调整，以加强马克思主义的引领作用，增强思想

①《邓小平文选》第3卷，人民出版社1993年版，第287页。

政治教育的时效性。马克思主义是动态发展着的理论，而文化无论从内涵还是从外延来说也都是发展着的。因此，从某种意义上来说，二者具有相似性。

青年学生身处校园，时刻受到校园文化的影响，若要使红色文化更好发挥作用，则需要将红色文化与校园文化进行有机融合。这就需要做到以下两点。一是在校园文化活动的开展过程中，积极利用红色文化中的烈士陵园、纪念馆、博物馆、展览馆等，对青年学生开展世界观、人生观、价值观的教育，使青年学生在接受熏陶的过程中切实感受红色文化的根脉、价值、理念等。二是在红色文化的传承过程中，积极主动邀请广大青年学生参与其中，虚心听取他们的意见与建议，丰富红色文化传承形式。总之，应加强红色文化与校园文化的融合，为青年学生提供参与红色文化传承工作的机会，使青年学生在思想政治教育中受到灵魂的洗礼、精神的感染与思想的塑造，激励青年学生把学习奋斗的具体目标同民族复兴的伟大目标结合起来，立鸿鹄志，做奋斗者。

红色文化既是一种文化，又是一种精神。文化之所以能够得以传承、发扬光大，从某种程度上来说，是因为文化以某种建制化方式得以保存与发展。我们党是一个有着百年奋斗历程与辉煌成就的大党，习近平总书记指出："大就要有大的样子。"[①]在新民主主义革命时期，党所制定的诸如三大纪律八项注意、六届六中全会通过的《关于中央委员会工作规则与纪律的决定》《关于各级党部工作规则与纪律的决定》等，均贯穿着革命理念、革命精神等，在引领党员干部及群众朝着民族独立、人民解放方向而奋斗，规范党员行为等方面均起到重要作用，为夺取全国革命的胜利奠定了坚实的基础。在社会主义革命和建设时期，国家通过颁布《中华人民共和国宪法》以及其他各种法律，明确规定了中华人民共和国的政权性质、发展阶段与方向等。这些法律法规，包含了党为新中国建设而奋斗的责任

①《习近平谈治国理政》第3卷，外文出版社2020年版，第436页。

意识与使命担当。在改革开放和社会主义现代化建设新时期，我们党制定了《关于建国以来党的若干历史问题的决议》，回顾和总结了党领导人民进行革命、建设和改革的历史进程、成就与经验，取得了一系列关于党的历史问题的思想认识成果，在总结党和国家历史经验的基础上，实现了全党解放思想、实事求是、团结一致向前看。在中国特色社会主义新时代，党的十九届六中全会审议通过的《中共中央关于党的百年奋斗重大成就和历史经验的决议》，全面回顾总结党百年奋斗的历史进程、历史成就，精辟提炼概括党百年奋斗的历史意义、历史经验，不仅能够让人们清晰读懂中国共产党的历史贡献、历史方位，更为中国共产党未来发展提供了宝贵的历史启示，是重要的红色文化资源。

第二节　传承与弘扬：红色文化的时代命题

伟大的社会主义事业需要伟大的社会主义精神作引领与支撑，伟大的社会主义精神能够有效地推动、保障社会主义事业的成功。先进文化是能够推动人类历史前进的文化形态。就中国语境而言，先进文化是以马克思主义为指导并将马克思主义与中国具体实际相结合，继承与弘扬中华优秀传统文化，于不同历史时期所形成的文化形态。其指导思想是马克思主义，其历史根脉是中华优秀传统文化，其时代特征是革命性、开放性、包容性、开拓性等，其存在形态有物质形态与精神形态，其意义是开辟社会主义新征程的价值引领。

具体而言，红色文化的内涵包括以下几个方面。

第一，共产主义理想信念的精神意蕴。邓小平曾经指出：“为什么我们过去能在非常困难的情况下奋斗出来，战胜千难万险使革命胜利呢？就是因为我们有理想，有马克思主义信念，有共产主义信念。”[①]近代中国之所以能够摆脱半殖民地半封建社会状态，走向独立富强之道路，原因就在于中国共产党能够顺应历史潮流，领导广大人民找到了一条适合中国国情的道路。这条道路虽然布满荆棘、充满艰辛，但中国共产党人始终保持坚定的信念，立志改造中国社会，致力于将共产主义的赤旗插遍神州大地。共产主义不是权宜之计，而是在反复比较与选择中作出的历史性决定。因为没有找到先进的理论作指导，没有一个具有坚定理想信念的党，没有先进的文化唤醒蒙昧之国民，中国人对适合中国国情道路的探索一次次遭到失败。中国共产党诞生以后，这一情况得到了根本转变。中国共产党将马克思主义作为自己的指导思想，对中国传统文化进行扬弃，用在革命斗争中形成的红色文化来唤醒、引领中国的广大民众，指导中国的革命道路。从中国共产党诞生，到井冈山革命根据地的开辟，到延安革命根据地的开辟与延安精神的构建，到抗日民族统一战线的形成，到新中国的建立，到社会主义三大改造顺利完成，到“两弹一星”成功研制，到改革开放的开启，到中国GDP雄踞世界第二……短短几十年我们走完了资本主义国家用几百年走过的道路，取得了资本主义国家经过多年积累取得的成就。这些成就的取得，是因为我们以红色文化这种先进文化作为广大民众的精神文化支撑，并由此焕发出巨大的物质能量。在新时代，我们更应继承与弘扬这种以共产主义理想信念构筑的精神文化，尤其是要在青年学生的思想政治教育中进行革命理想的再教育，以进一步坚定青年学生的共产主义理想信念。

第二，大无畏的革命英雄主义的精神意蕴。中华儿女在民族、国家危亡的关键时刻抛头颅、洒热血，前仆后继、勇往直前，为国牺牲的大无畏的革命英雄主义精神与气概，是指引我们前进的灯塔，宣传好、利用好大无畏的革命英雄主义精神是我们历史上、新时代乃至未来的重要任务与使

①《邓小平文选》第3卷，人民出版社1993年版，第110页。

命担当。我们首先需要明确地回答一个问题：究竟谁是革命的主体与推动革命进程的决定性力量？中国共产党摒弃了封建式的与资产阶级式的个人英雄主义，代之以群众是推动历史前进的动力与真正的英雄这一真理性判断。英雄来自人民群众，英雄是人民群众中的先进分子和杰出代表，英雄身上所具有的力量与展现的大无畏的革命英雄主义精神来自广大人民群众。大无畏的革命英雄主义精神在不同的历史时期有着共通的价值，也有着特定时期的不同的内涵。红色文化内含着无数志士仁人为追求民族独立、人民解放，国家富强、人民幸福而进行斗争的大无畏的革命英雄主义精神。

在新民主主义革命时期，大无畏的革命英雄主义精神具体表现为不畏艰险，不惧牺牲。其典型特征为敢于与强权、反动势力作坚决无畏的斗争，革命不成功革命的脚步就不停止。这一时期的英雄人物有英勇就义的刘胡兰，有舍身堵枪口的黄继光等。

在社会主义革命和建设时期以及改革开放和社会主义现代化建设新时期，大无畏的革命英雄主义精神主要表现为“一不怕苦，二不怕死”，为了社会主义的建设事业而不断建功立业，甘于平淡，在平凡中默默奉献。其典型特征为在个人利益与集体利益、国家利益发生冲突时，以国家利益、集体利益为重。这一时期的英雄人物有默默奉献、忘我工作，与恶劣的自然环境作斗争的党的好干部焦裕禄；有“有条件要上，没有条件创造条件也要上”的铁人王进喜同志；有勇斗歹徒的徐洪刚；有长期在田间地头进行科学试验，把论文写在祖国广大的田野上的袁隆平；也有默默无闻、敬业爱岗、勤劳奋斗，在平凡的岗位上日复一日、年复一年地扎扎实实干好工作的像牛玉儒一样的劳动者。

在中国特色社会主义新时代，大无畏的革命英雄主义精神就是要“始终坚持为了人民、依靠人民，尊重人民群众主体地位和首创精神，把人民群众中蕴藏着的智慧和力量充分激发出来”①。通过革命英雄主义来战胜前进中的困难，通过革命英雄主义来激发个体投身于社会主义建设的积极性。当前，社会上出现了对曾经为我们国家、社会作出巨大贡献的人物的诽谤、污蔑等现象，这是历史虚无主义的表现，是缺乏或不能正视革命英雄主义的表现。对此，高校思想政治教育应该加以批判、揭露，在学生中营造正确的、昂扬的、向上的思想与价值观的风气，进而转换成、汇聚成建设社会主义现代化国家的强大力量支撑。我们国家的社会主义建设取得了不同寻常的伟大成绩，但也面临着内部反动势力、外部敌对势力的攻击，霸权主义与强权政治依然存在，社会主义建设的新问题、新困难依然存在，更好地应对与解决这些前进中的问题与困难，在思想政治教育工作中，对大无畏的革命英雄主义精神进行宣传是必不可少的重要环节。因为“实现我们的目标，需要英雄，需要英雄精神”②。新时代面临着更加艰巨的新挑战，高校思想政治教育的重要任务就是使广大的青年学生在新时代更加自觉地学习革命英雄主义精神，更加自觉地将这种学习同自己的生活结合起来。在未来的新征程中，通过教育，我们的国家定会产生出更多的无愧于时代的英雄。

第三，百折不挠、奋斗不止的精神意蕴。无产阶级是立足于整个人类的解放与发展谈奋斗的，是将团体的奋斗与个体的奋斗辩证统一起来对待的，即团体的奋斗是个体奋斗的基础，个体的奋斗有助于整个团体的奋斗。在目标的设定上，无产阶级宣扬自己阶级的最终奋斗目标是实现共产主义，并将这一目标分为不同的阶段来逐渐加以完成。在这一过程中，无产阶级始终把生产力的解放与发展，以及生产力与生产关系的相互适应作为中心任务来加以看待。在为实现这一目标奋斗的过程中，无产阶级始终

①《习近平谈治国理政》第4卷，外文出版社2022年版，第136页。

②《习近平在纪念中国人民抗日战争暨世界反法西斯战争胜利70周年系列活动上的讲话》，人民出版社2015年版，第19页。

将广大人民群众作为最终受益者，同时将广大人民群众作为实现这一目标的主体与决定性力量。在奋斗过程中，无产阶级始终将奋斗的动力与奋斗群体的利益紧密相连，而非资产阶级式的虚假的空洞的说教。在马克思看来，“人们为之奋斗的一切，都同他们的利益有关”[①]。就利益的种类而言，有经济利益、政治利益、阶级利益、国家利益、民族利益、团体利益、个人利益等，不同立场的团体与个人存在利益诉求的差别乃至冲突。解决好这些问题，是高校思想政治教育工作中一项十分艰巨的任务。高校思想政治教育应使青年学生树立正确的奋斗观，自觉将个人利益的获得建立在符合国家、民族、社会、团体利益的基础之上，需认识到“大河有水小河满”，国家发展了个人的奋斗才有意义。奋斗意味着牺牲，意味着付出艰辛的努力。习近平总书记指出：“中华民族伟大复兴，绝不是轻轻松松、敲锣打鼓就能实现的。全党必须准备付出更为艰巨、更为艰苦的努力。”[②]正是因为有一大批默默奉献、无怨无悔的人的奋斗，才有了“两弹一星”；正是因为有几十年辛勤奋斗在实验室的“黄大年们”，才有了中国科研的一次次高峰。青年人只有认识到奋斗的过程中可能会有泪水、失败、痛苦、彷徨，才能正确对待奋斗中可能出现的这样或那样的问题，也才能理性而非盲目地去奋斗。

青年人是思想最为活跃、最易接受新事物的群体，青年时光是人生中最为美好的时光，青年时期也是建功立业的大好时期。青年人应该抓住这个人生中的美好时期，自觉在中国共产党的领导之下，将革命导师以及身边优秀分子作为自己的榜样，扎扎实实，从一点一滴做起，从身边小事做起，将个人的奋斗与中华民族的伟大复兴结合起来。青年人应该在这种奋斗中学习、理解中国共产党的历史、新中国的历史、改革开放的历史、社会主义发展的历史。同时，青年人应认识到中国共产党的历史、新中国的

①《马克思恩格斯全集》第1卷，人民出版社1995年版，第187页。

②《习近平谈治国理政》第3卷，外文出版社2020年版，第12页。

历史、改革开放的历史、社会主义发展的历史就是奋斗的历史，是由奋斗者用生命、信念、汗水铸就的历史。中国之所以取得了翻天覆地的变化，正是由于无数人的奋斗。正如习近平总书记所说的那样："幸福都是奋斗出来的。"①

青年学生需认识到奋斗不仅是一种精神，而且是一种时代的需要，同时还是一种力量，更是一种责任与价值。青年之所以被称为青年，从某种程度上来说，就在于其身上有一个鲜明的特征——奋斗。高校在思想政治教育中培育学生的奋斗精神需要做到以下几点。一是要将奋斗的精神、奋斗英雄的事迹、奋斗的内容有机融入思想政治教育的教材之中、思想政治教育的课堂之中、思想政治教育的活动之中，以达到潜移默化，润物无声的效果。二是有效利用本地与外地的奋斗人物的事迹，并将其中的一些人请进校园，请其讲解自己的奋斗历程，让青年学生在倾听中接受教育。三是将学校教育与家庭教育结合起来。现在的学生大多衣食无忧，易养成许多不好的行为习惯。学校要结合学生的家庭环境，对其进行奋斗精神的再教育，避免学生完全依赖父母，成为"四体不勤，五谷不分"的人。四是将学校教育与社会教育结合起来，通过实地考察红色遗址、博物馆、纪念馆等，对学生进行爱国主义教育，使其心灵受到洗礼与感染，认识到今天的幸福生活来之不易。五是学校要主动为青年学生提供能够锻炼、奋斗的环境，比如在校内外设置勤工俭学岗位等，使学生在这些岗位上接受教育与锻炼，感受奋斗的艰辛与快乐。六是利用好相关的平台，大到国家层面的"学习强国"平台，小到学校自己组织的文化社团等，引导学生形成正确的价值观，找到奋斗的动力与奋斗的目标。七是采取多种手段相结合的方法，比如线上线下相结合，融媒体教育与传统教育相结合等，以学生喜欢的、可以接受的方式而非生搬硬套的方式，来进行奋斗精神的教育。八是要在整个社会形成奋斗的良好氛围。要以学校中奋斗精神的培育来助推

① 习近平：《在北京大学师生座谈会上的讲话》，人民出版社2018年版，第12页。

社会上奋斗精神的树立，同时以社会上奋斗精神的树立来带动学校中奋斗精神的培育。

第四，全心全意为人民服务的价值意蕴。在无产阶级思想政治教育中人民处于核心地位，全心全意为人民服务是其价值观与始终不变的主题。换言之，无产阶级思想政治教育的出发点与归宿就是一切围绕着人民的利益而为人民服务，全心全意则意味着在为人民服务的过程中，实践主体也即共产党是发自内心地、毫无保留地、彻底地与完全地为了人民的利益而奋斗和努力。正如毛泽东所说的那样，“共产党人的一切言论行动，必须以合乎最广大人民群众的最大利益，为最广大人民群众所拥护为最高标准”[①]。在新时代，党的宗旨集中表现为人民对美好生活的向往就是共产党人的奋斗目标。

思想政治教育将人的价值的设定与追求变得真正有意义。马克思早在《1844年经济学哲学手稿》中就对人生产出异己之力量的异化现象进行了深刻揭露与评判。这种异化来源于资本主义社会中资产阶级对劳动人民利益的占据与剥削。共产党将实现人民的利益作为自己的奋斗目标，坚决地与各种侵犯人民利益的社会制度、社会思想作斗争。共产党的宝贵品质在于在全心全意为人民服务的过程中不断以人民利益为标准进行自我反思、自我批判、自我革命，对人民负责，在正确中继续保持正确，及时纠正失误与自我革命，进而始终保持纯洁性、先进性。

高校在思想政治教育中，要使青年学生认识到中国共产党全心全意为人民服务是历史的必然选择也是唯一选择。全心全意为人民服务，解决了为谁奋斗以及怎样奋斗的问题。在这之前，中国历史上的统治阶级把一己之利作为自己活动的目的，最终在历史中被人民抛弃。中国共产党顺应历史潮流，在自己的旗帜上鲜明地镌刻上为人民服务这个最为美好与幸福的标语。当中国共产党将人民放在心中最为重要的位置之时，人民也同样将

①《毛泽东选集》第3卷，人民出版社1991年版，第1096页。

中国共产党作为自己走向幸福道路的领路人与知心人。中国共产党带领人民推翻了“三座大山”，建立了人民当家作主的新政权，新政权的合法性就在于全心全意为人民服务。

高校在思想政治教育中，要使青年学生认识到中国共产党全心全意为人民服务是战胜一切艰难险阻的根本保障。中国共产党诞生的历史语境就是中国人民当时所生活的环境：半殖民地半封建社会。中国共产党的历史责任就是改变这一状况。借助于谁来改变？答案是人民，只有人民是唯一可以并且能够依靠的最为强大的力量。当一盘散沙的个体被先进的思想所武装，被先进的政党所组织领导之时，其就会迸发出前所未有的力量来摧毁旧的制度。在解决了借助于谁来改变的问题时，接下来的问题就是如何改变？答案是全心全意为人民服务。只有全心全意为人民服务，才能赢得人民的理解、尊重，才能赢得人民的认同、信任，才能在这种理解、尊重、认同与信任之中凝聚起最为广大的力量。在这种理解、尊重、认同与信任之中，人民与中国共产党一同思考产生困境的原因以及解决困境的出路，并在思考之中形成共识，同仇敌忾，走出困境。

高校在思想政治教育中，要使青年学生认识到中国共产党全心全意为人民服务是反对官僚主义与形式主义的依据。官僚主义、形式主义是某些党员脱离实际、脱离群众，工作简单粗暴的表现。那么究竟应该怎样在各种工作中密切联系群众？首先，要时刻保持谦虚谨慎、不骄不躁的作风，虚心向群众学习与求教，不能因为取得些许成绩就沾沾自喜，听不进广大群众的建议与意见。其次，要主动与封建残余思想划清界限。两千多年的封建思想还在一定程度上残留于一部分党员的脑海之中，这部分党员工作不是围绕群众来开展而是为了应付上级的检查，工作目的不纯，工作动力不足，工作效率低下。再次，要摆正自己与群众的关系。在各种工作之中，要始终以群众作为自己的老师与榜样，到群众中去学习与调查，以群众利益为中心，在尊重客观规律的基础之上，充分调动广大群众的积极性。

高校在思想政治教育中，要使青年学生认识到中国共产党全心全意为人民服务是密切党群关系，巩固和发展我们党的政治优势的重要方面。中国共产党与资产阶级政党的不同之处在于，中国共产党以人民的利益为第一利益诉求，全心全意为人民服务。中国共产党之所以能够取得政权就在于赢得了中国最广大人民群众的心，人民也深刻体会到中国共产党是代表自己最根本利益的政党，由此而发自内心地跟着共产党去进行伟大的革命运动、经济建设。党群关系是鱼水关系，共产党离不开人民群众，人民群众也离不开共产党。正因为党把为人民谋利益作为自己的奋斗目标，才能在前进的道路上不断进行自我修正、自我革命，才能以极大的勇气与决心进行反腐败的斗争。改革开放40多年来，中国的经济建设取得了举世瞩目的成就，国内生产总值雄踞世界第二，人民的经济利益、政治利益、文化利益等均得到了极大保障。但是我们仍然需要看到，我国的贫富差距仍然在一些地区与领域存在着，一部分人民群众的处境仍然需要改善。实现共同富裕是社会主义的本质要求，这是一个十分艰巨且宏远的目标，在当下集中体现为一方面要缩小贫富差距，“使改革发展成果更多更公平惠及全体人民”①；另一方面要在医疗、教育、住房、食品安全、生态环境等关系到国计民生的重大问题上下狠功夫，抓出成效，将党制定的方针政策与为人民利益工作紧密结合起来。青年学生认识到这些之后，就能知晓自身正在享受的党和政府为自己提供的良好的教育环境、良好的教育资源是党全心全意为人民服务的体现，就会更加自觉地热爱党、拥护党的领导，也会更加积极主动地投入新时代的奋斗之中。

第五，不忘初心、牢记使命的价值意蕴。“带领人民创造幸福生活，是我们党始终不渝的奋斗目标。”②中国共产党的初心和使命就是为中国人

①《习近平关于社会主义社会建设论述摘编》，中央文献出版社2017年版，第28页。

②《习近平谈治国理政》第2卷，外文出版社2017年版，第40页。

民谋幸福，为中华民族谋复兴。“不忘初心”深刻回答了我们党来自何方的问题，“牢记使命”则回答了我们党当下应该做什么、怎样做、未来的目标是什么的重大历史问题。

不忘初心、牢记使命教育是青年学生行稳致远的需要。青年是充满生机与活力的群体，他们既在快速成长，又面临着许许多多的人生选择，如何作出正确的且适合于自己的选择，是摆在青年学生面前的一个严肃的问题。当今时代，资产阶级的个人中心主义、享乐主义对国内某些人生目标不坚定、意志薄弱的青年学生产生了一定程度的影响，为此，学校一方面应在思想政治教育课堂上有针对性地进行教育；另一方面应通过革命纪念馆、烈士陵园等红色文化基地对青年学生进行现场教育，帮助青年学生树立正确的世界观、人生观、价值观。

不忘初心、牢记使命教育有助于帮助青年学生形成对未来的研判能力。青年学生的人生阅历较浅，对一些外来事物往往缺乏研判的能力。资本主义社会与社会主义社会将长期共存，社会主义最终全面战胜资本主义是一个长期的历史过程。对剩余价值的追求是资本主义社会的绝对规律，资本的无序野蛮扩张不仅侵蚀社会主义的物质领域，而且试图污染社会主义的精神领域。在资本主义社会，人生存的目的、价值与意义，以及“一切生活关系都以能否赚钱来衡量”①。如果受到这种污染，就会导致人与物的对立、人与人的对立、人与社会的对立，人最终会沦为资本的工具与附庸。改变这一状况的希望寄托在青年学生身上，当青年学生坚守初心使命，与腐朽的资本主义思想作斗争的时候，就意味着青年学生已经逐渐走向了与资本主义制度斗争的阶段，有了一定程度的研判能力。而要取得斗争的胜利，则不仅需要以马克思主义理论作为指引，而且需要实践斗争中的经验作支撑。

不忘初心、牢记使命教育有助于帮助青年学生形成集体意识。青年学

①《马克思恩格斯文集》第1卷，人民出版社2009年版，第477页。

生所选择的道路既是个人的道路，同时也是国家、民族道路的具体体现。因为青年学生的道路只有和国家、民族的道路结合起来才有意义。马克思主义认为，人的本质是一切社会关系的总和。青年学生不可能脱离集体、国家而独立选择自己的目标，同样，也不可能脱离集体、国家而独立实现自己的目标。青年学生只有胸怀天下，以国家利益、集体利益为重，与他者一道努力奋斗，方可实现自我价值。马克思主义认为，“历史活动是群众的事业”[①]。由此可知，其一，共产党应将人民的利益作为工作的根本出发点和落脚点。其二，历史活动的主体是广大人民群众，因此应该充分相信人民群众的智慧与创造力。其三，人民群众的革命性是最为坚定的，青年学生在人生奋斗的历程中要以人民为榜样，拜人民为师。其四，历史是由个体组成的集合体创造的，人民便是这一集合体，青年学生应该更加自觉地成为集合体中的一分子，与广大人民群众同频共振、命运与共。高校思想政治教育应使青年学生认识到中国共产党的初心不是一党之私心，因为中国共产党没有自身的特殊利益。这种初心是为国为民之公心，是为无产阶级与整个人类之初心。这种初心以及由这种初心出发而自觉肩负的使命，与青年学生的初心、使命具有一致性，即奋斗方向的一致性、使命担当的一致性、未来目标的一致性。

第六，改革创新、开拓进取的价值意蕴。马克思主义认为，改变世界在某种意义上讲比解释世界更具价值。改变世界需要在社会历史实践中具有批判超越与结构重建之基础与精神。人类的历史就是一部不断突破已有存在进行改革创新的历史，体现了作为类的人与作为个体的人不断超越、发展的历史进程，是人的生存状态的集中反映。人的这种改革创新体现了人对物质的超越、对精神的超越、对实践的超越以及对人自身的超越。人在这种改革创新之中也逐渐形成了自己的价值判断与价值取向。这种价值判断与价值取向也是人的本质在某一特定历史阶段所体现出来的特征之

①《马克思恩格斯全集》第2卷，人民出版社1957年版，第104页。

一。改革创新的程度与可能是人达至自身设定目标的程度与可能，人的自由与发展的程度即是人的改革创新的程度，人的自由同时是改革创新的内在要求与时代特质。

青年学生的改革创新的能力与其知识储备、理论素养、认知水平、情感个性以及所处社会环境等均有很大关系。改革创新即意味着有敢为天下先、敢闯敢试的精神；有执着追求、不怕失败、敢于进取的魄力。改革创新既是我们这个时代的要求，又是引领我们这个时代前行的内在动力。当我们总结改革开放40余年来的成功经验、擘画未来新征程时，我们必须将思想聚焦到改革创新精神上来。

新中国诞生于半殖民地半封建社会，那时生产力水平低下，生产关系中不适应生产力的一些方面还在一定程度上存在着，同时如何促进生产力的进步与发展成为必须要解决的难题。而解决这些难题，则必须不能够因循守旧，不能够按部就班，必须以改革创新的精神与实践去破解矛盾。改革创新是研究当下中国现状、指导实际问题解决的必然选择。改革创新意味着我们要以经济建设为中心，在经济建设的过程中将“破”与“立”紧密结合起来，打破旧的条框与枷锁，解放思想，轻装上阵，如此方能到达成功的彼岸。

高校思想政治教育中要宣扬与实践改革开放精神，要使青年学生深刻认识到，改革创新的“破”与“立”并不是毫无原则的，应该是以高举马克思主义的伟大思想旗帜为前提的，是以坚持走社会主义道路、坚持中国共产党的领导为前提的，否则，我们在改革创新过程中就会有出现方向性错误的危险，就会有改革创新的成果毁于一旦的危险。另外，改革创新中的“破”，应该是在吸收中华优秀传统文化基础之上的，“我们是马克思主义的历史主义者，我们不应当割断历史”①，否则就会出现根基不稳、迷失方向的问题；应该是在对既往事物中仍然具有生命力的因素保存的基础

①《毛泽东选集》第2卷，人民出版社1991年版，第534页。

之上的，否则就会造成破坏与浪费现象，而这种意义上的改革创新毫无价值。我们还要使青年学生认识到，我们的改革创新是全方位、全过程的，是涉及政治、经济、文化、国防、科技、外交等方面的，是每一个过程与环节均需贯彻改革开放原则的，非一时一地的。同时，青年学生作为社会中思想最为活跃的群体，应该自觉成为时代语境中改革创新的主力军、中坚力量，具有改革创新的责任感与使命感。另外，青年学生应将自身具体的学习专业、工作内容等与改革创新紧密结合，并且随着时代的进步而不断赋予改革创新以新的内容与生命。青年学生的改革创新，应该包含对外来文化、知识、技术、管理经验等的改革创新，不应采取全盘西化与拿来主义的态度与做法，否则对外来先进的东西不但不能够有效吸收，还会适得其反。青年学生的改革创新应该既是对前人与同时代人的超越，又是对自我的革命与超越，后者往往需要更大的勇气与毅力，需要对自身有更为清醒的认知与判断。我们在改革创新中开辟了一种人类文明的新形态，与世界人民一道共同构建人类命运共同体，其中既有物质成果的共享，又有精神财富的普惠，还有心灵与情感的互通。在这条美好道路上，我们以改革创新的精神去构建人类未来和平发展的新路径，“一带一路”使更多国家的经济得到发展，民众交流交往更为频繁与密集，增强了国与国之间的团结与友爱。当前，我国改革开放进入深水区，一些前所未有的问题与困难摆在我们的面前，更需要我们有勇闯险滩、敢打敢拼、不怕失败的改革创新精神。

改革开放是决定当代中国命运的关键抉择，是顺应历史发展趋势与我国现实需要的必然选择。若没有改革创新精神，我们将不会有实际行动，若没有改革创新精神，广大的人民群众就不会焕发出建设社会主义的昂扬斗志，就不会将这种斗志转换成自觉的行动。改革创新是一种时代精神，包含着崇尚真理、追求真理、践行真理的科学精神，包含着敢于挑战、不怕吃苦、不怕失败的献身精神，包含着排除干扰、专心致志、一心一意的敬业精神。高校在思想政治教育中，应当引导、鼓励广大的青年学生投入改革创新的具体实践中，使其认识到改革开放在社会主义现代化建设中的重要作用，努力建设社会主义。

第七，清正廉明的本色精神。仁义礼智信、清正廉明等自古以来就是官员的基本行为准则，作为人民公仆的广大共产党员理应继承中华民族这一优秀传统文化并且赋予其更为丰富的时代内涵与更加严格的要求。清正廉明既是中国共产党的本色，又是马克思主义的内在要求。历史上，剥削阶级在掌控国家政权之后就形成了制度上的腐败之根源。马克思在《黑格尔法哲学批判》中对黑格尔关于国家与市民社会的关系的论述进行了评判，认为国家政权应该交予市民社会管理并能够代表广大民众的意见与利益。但在资本主义社会，由于资产阶级与私有制的存在，腐败不可避免并且愈演愈烈，而资产阶级所谓的反腐仅是为了自我政党选举夺权的权宜之计，是为了维护资产阶级政党执政权的遮羞布，是为了缓和资产阶级与无产阶级之间矛盾所采取的所谓的应急方案，即使个别腐败案件或现象得以在某种程度上解决，也绝对无法从根本上清除腐败的根源。资本的逻辑使腐败大行其道，无所不在、无处不往，人与人之间温情脉脉的关系实则是金钱与权力包裹着的腐败关系，资本带来的是人们对其的顶礼膜拜以及异化着的整个资本主义世界。无产阶级政党与政权，不同于资产阶级政党与政权，前者在本质上是廉洁政治的集中体现，与腐败是格格不入的。社会主义国家的建立已经实现了公有制为主体，人民当家作主，从政权性质与政治制度上而言已经不具有腐败的大环境，但是由于诞生于半殖民地半封建社会，封建残余与资产阶级思想等剥削阶级的思想还在一定程度上存在着，所以社会主义社会的反腐败在某种程度上来说主要是与残留的剥削阶级的思想作斗争。清正廉明既是中国共产党取得革命成功的重要原因之一，又是在新时期推进改革开放、走向新阶段的必备条件。因为只有这样才能得到人民的衷心拥护，社会主义制度才能建立与巩固。腐败就是非正义、不正当、贪婪无度地占据社会财富，非法地拥有与使用权力，让公权力变成维护自身非法所得的工具。如此必然会侵害公权力所代表的广大人民群众的利益，无产阶级的先锋队共产党必然要反对腐败、倡导清廉，让权力与利益真正回归于人民之中。正如马克思、恩格斯所指出的："过去的一切运动都是少数人的，或者为少数人谋利益的运动。无产阶级的运动是绝大多数人的，为绝大多数人谋利益的独立的运动。"①在反腐败的斗争中，党中央是中枢机关，各级党组织是重要力量，人民群众是参与者、监督者与评判者。

我们党历来主张清正廉明，并且在政治生活、社会生活中坚决实践。党的十八大以来，党中央以巨大的决心与毅力与腐败作斗争，出台中央八项规定并坚决加以落实，反腐败斗争取得压倒性胜利，营造了一个清正廉明、风清气正的良好环境，赢得人民群众衷心拥护与爱戴。党的十八大以来，党中央所采取的反腐败措施主要包括以下几个方面。

其一，既打"老虎"又拍"苍蝇"，查处一批重大腐败案件，起到震慑作用，大快人心。对于反腐，力求从制度上加以长期化、实效化。习近平总书记指出："没有健全的制度，权力没有关进制度的笼子里，腐败现象就控制不住。"②党要管党，从严治党，要把制度的牢笼越扎越密、越扎越实，使权力行使者不敢腐、不能腐、不想腐。

其二，坚持初心教育。无产阶级之所以能够取得政权并且继续执政，是因为无产阶级的先锋队共产党能够自觉代表人民群众的利益去进行社会革命与活动。行为上的腐败是显而易见的，思想上的腐败往往是隐藏着的，然而却是行为上腐败的根源。一些党员干部不严格要求自己，不对自我的思想"洗澡、清尘、去污"，一旦受到世俗落后思想的侵染就难以有

①《马克思恩格斯文集》第2卷，人民出版社2009年版，第42页。

②《习近平关于党风廉政建设和反腐败斗争论述摘编》，中国方正出版社2015年版，第125页。

抵抗力，加之自我在利益与美色的诱惑下思想的防线溃败，难免最终走向与人民为敌的境地。列宁指出："没有革命的理论，就不会有革命的运动。"[①]革命的理论是建立在清正廉明的革命的思想与信念基础之上的。我们要不断丰富清正廉明的内涵，开展廉政教育活动。在这种教育活动中，使广大的共产党员认识到自己身上肩负的神圣使命，在干事创业中树立崇高意识，明明白白做人、干干净净做事，在爱岗敬业中为党和人民奉献自我。

其三，构建完善的制度。若使权力与金钱不逾矩、为民所谋、为民所用，则需以制度的牢笼来对抗腐败的滋生。反腐败以及预防腐败的各种规章制度既存在于党和政府的各种规定之中，也存在于国家的各层级的法律之中，用法律法规来使权力在合理的界域中运行，对绝对的权力与使用绝对的权力之人要严格限制，因为绝对的权力将会导致绝对的腐败，对纪委、监察部门可能导致的权力上的"灯下黑"要严防严查，让权力在阳光下运行，让人民真正成为权力的主人与监督权力的主体。一些地方、一些领域、一些部门腐败之所以频频出现，从某种程度上来说是因为制度出现了问题，有些制度的设计存在这样那样的疏漏，为腐败的滋生提供了坏的土壤，而这些疏漏有些是有意为之，给不法之徒留有可乘之机，有些是客观条件限制而导致的缺陷与不足。无论是哪一种情况，改变制度上的缺陷与不足都势在必行。要在严格、严谨、严密的制度环境下，使腐败寸步难行，让腐败的萌芽在良好的反腐败制度环境下难以成活，即使成活也要能够溯源与倒查。要在全社会树立法大于权的观念，以法制权，以法释权，促进程序正义、实质正义。

①《列宁专题文集·论无产阶级政党》，人民出版社2009年版，第39页。

第五章　持续聚焦高校思想政治教育中立德树人的价值理念

“高校思想政治工作关系高校培养什么样的人、如何培养人以及为谁培养人这个根本问题。要坚持把立德树人作为中心环节，把思想政治工作贯穿教育教学全过程，实现全程育人、全方位育人，努力开创我国高等教育事业发展新局面。”①

第一节　传统美德与信念之德：育人之根本

习近平总书记强调：“人无德不立，育人的根本在于立德。”②在高校思想政治教育中，大学生究竟应该树立何种品德？笔者认为至少应该包括以下几种。

第一，应该树立为中华民族伟大复兴而努力奋斗的信念之德。青年学生应该以树立远大的理想信念为自身的前进方向，作为自己人生风浪中航

①《习近平谈治国理政》第2卷，外文出版社2017年版，第376页。

② 习近平：《在北京大学师生座谈会上的讲话》，人民出版社2018年版，第7页。

船行驶的压舱石，以中华民族利益的最终实现作为自己奋斗的起点与追求。党的十八大报告指出："坚持教育为社会主义现代化建设服务、为人民服务，把立德树人作为教育的根本任务，培养德智体美全面发展的社会主义建设者和接班人。"[①]立德树人，是社会主义国家建设与改革开放的需要，同时也是帮助青年学生在学校学习与更好适应将来工作岗位的需要，更是使青年学生成为一个有道德感、有责任感、有使命意识的人的需要。立德是树人的基础，树人首要的任务是立德，立什么样的德在某种程度上来说就意味着将来成为什么样的人。立德和树人具有同一性，立德的过程也是树人的过程，同样，树人的过程也是立德的过程。二者对于青年学生而言均十分重要，缺一不可。高校应该按照无产阶级政权的性质与社会主义教育的要求，针对青年学生的性格特点与身心发展规律，有计划、有组织地对青年学生进行系统的道德塑造，使青年学生树立起正确的价值观，成为具有良好的道德品质的时代新人。

第二，应该传承与弘扬中华民族的传统美德。中华民族数千年以来给整个人类创造了灿烂的文明成果，这些文明成果是我们的智慧源泉与精神积淀，其中的传统美德极大地丰富着人们的精神世界。作为肩负历史责任的当代青年学生，应该结合时代特征与祖国、人民所需，传承与弘扬中华民族的传统美德。在个人品德方面，应该自觉践行爱国奉献、明礼守法、厚德仁爱、正直善良、勤劳勇敢等个人品德要求，形成善良的道德意愿、道德情感，培育正确的道德判断和道德责任，提高道德实践能力尤其是自觉实践能力，向往和追求自觉讲道德、尊道德、守道德的生活。在家庭美德方面，应该感念父母养育之恩，感念长辈关爱之情，孝敬父母、尊重长辈、回报家庭、回馈社会，推动形成爱国爱家、相亲相爱、向上向善、共建共享的社会主义家庭文明新风尚。在职业道德方面，应该自觉做到爱岗敬业、诚实守信、办事公道、热情服务、奉献社会，树立正确的择业观和

①《十八大以来重要文献选编》上，中央文献出版社2014年版，第27页。

创业观。在社会公德方面，应该自觉做到文明礼貌、助人为乐、爱护公物、保护环境、遵纪守法等。这些优秀品德既是一脉相承的，又在不同的历史时期有着不同的时代内涵，广大青年学生在锻造好学习与工作等本领的同时，也要养成良好的个人习惯，传承与弘扬中华民族的传统美德，丰富其时代内涵，使其焕发出新的生机与活力。

第三，应该树立马克思主义的信念之德。马克思主义认为，教育制度与社会条件相辅相成，辩证统一，“为了建立正确的教育制度，需要改变社会条件，另一方面，为了改变社会条件，又需要相应的教育制度；因此我们应该从现实情况出发”①。何谓教育的社会条件？一般来说，教育的社会条件，包括教育的社会制度条件、教育的社会物质条件、教育的社会氛围、教育的社会价值指向等。教育在马克思主义中属于上层建筑的范畴，教育的过程、手段、方式与终极目的等不可避免地带有与教育所处社会实际状况相适应的阶级性。奴隶社会、封建社会、资本主义社会等剥削阶级社会中的教育必然从教材的选择、教育的内容、教育的目的等方面服从服务于剥削阶级，其目的在于为统治阶级培养更多的维护其剥削与统治的“御用之才”。这种教育轻视劳动人民与体力劳动，在某种程度上成为统治阶级特有的权利，而广大的劳动人民只有被剥削被压迫的“权利”，接受教育成为一种奢侈，即使享受了这种奢侈，也是要加倍地受制于剥削阶级。在资本主义社会，“资产者唯恐失去的那种教育，对绝大多数人来说是把人训练成机器”②。马克思主义教育观对此是坚决批判与拒斥的。从毛泽东关于教育要与工农兵相结合所宣示的教育的无产阶级属性可以看出，教育应该回归于人民群众之中，要让广大的人民群众有接受教育的权利，享受接受教育的快乐，教育应该在社会实践中发展而非仅仅停留于学校课堂之上。从习近平新时代中国特色社会主义思想中关于教育的理念、

①《马克思恩格斯全集》第16卷，人民出版社1964年版，第654页。

②《马克思恩格斯文集》第2卷，人民出版社2009年版，第48页。

立德树人的要求等可以看出，在青年学生的教育中，马克思主义处于一种特殊的地位，既是一种指导原则，又是一种价值选择。高校应该以马克思主义来引导与武装青年学生，使其成长为德才兼备的全新人才。马克思主义认为，人在本质上是“一切社会关系的总和”①。因此，高校对青年学生的教育应立足于其所处的各种社会关系，帮助青年学生在各种社会关系中来认识自身角色的转换与成长，引导广大青年学生在各种社会关系中正确认知自我、定位自我、丰富自我。同时，高校还应该营造良好的校园环境，为青年学生的成长创造条件与可能，引导青年学生根据国家与时代需要，立足个人的爱好及专长制定出有针对性的目标规划，成为这个社会的有机组成部分，而不是资产阶级教育环境中的机器之附庸。新时代，青年学生应该认真学习习近平新时代中国特色社会主义思想，坚定马克思主义的政治信仰，将党和国家奋斗的艰辛历程与党和国家取得的巨大成就结合起来，正确认识我们的历史、国情，清楚自身所肩负的历史责任。

第二节　社会主义核心价值观：育人之关键

青年学生树立无产阶级的道德观既是社会主义国家意识形态的要求，也是良好社会秩序构建的前提条件，更是青年学生行为规范养成的必要条件。当前，中国特色社会主义进入新时代，国家需要培养大批的德能兼备的社会主义建设者和接班人，以此来作为国家建设的生力军。青年学生是我们国家在未来激烈竞争的国际环境中立足，赶超世界一流国家的决定力量。为此，就需要对青年学生进行无产阶级的道德观教育，促使其成长为坚定的马克思主义者。正如习近平总书记所指出的：“青年一代有理想、

①《马克思恩格斯选集》第1卷，人民出版社2012年版，第135页。

有本领、有担当，国家就有前途，民族就有希望。”①

培育和践行社会主义核心价值观是青年学生成长与发展的必备条件。社会主义核心价值观在国家层面的价值目标即富强、民主、文明、和谐。中国发展到今天，已经摆脱了物质相对贫乏的历史，社会主要矛盾转化为人民日益增长的美好生活需要和不平衡不充分的发展之间的矛盾，如何实现国家的富强、发展全过程人民民主、营造一个高度文明与和谐的社会，是摆在中国共产党人面前的历史性课题，而解决这一历史性课题的主力军是青年学生。青年学生是实现中华民族伟大复兴中国梦的“梦之队”，青年学生在树立理想目标与个人价值观时，要自觉将国家的富强、民主、文明、和谐作为自己努力的方向，即以富强之中国作为强大自身之基础，以民主之中国作为文明自身之内蕴、以文明之中国作为文明自身之特征、以和谐之中国作为和谐自身之追求。

社会主义核心价值观在社会层面的价值取向即自由、平等、公正、法治。这是青年学生奋斗的目标。人的自由自觉之实践乃人之为人之根本，“一个种的整体特性、种的类特性就在于生命活动的性质”②。自由是人的本质的一个重要方面，集中表现为人所特有的属性，离开自由谈论人的本质则人的本质将沦为抽象之思辨，人只有进行自由自觉之实践才能将自身与动物区别开来。换言之，人的本质之中已经预设了人的自由之维度与特质，人只有处于开放、包容、交流、交往之中才能犹如源头活水，充满人的灵性与彰显社会关系之总和，否则人将如同动物一般在自我隔绝或相对封闭之环境中生存与发展。人的自由度随着人的实践维度的展开与扩展而更为延展与开阔，并且这种延展与开阔在人的自由之实践下有着无限之可能，但是动物却可在不自由状态下展现出本能生存之状况与活态，这种状况与活态在人那里无法想象，必然不可能。因此，自由对于人不可或缺。

①《习近平谈治国理政》第3卷，外文出版社2020年版，第54页。

②《马克思恩格斯文集》第1卷，人民出版社2009年版，第162页。

动物的自由通常局限于生理层面的满足与快乐，这种满足与快乐从人类的角度来说不是真正意义上的自由，因为人的自由体现在物质、精神、社会、政治等诸多方面，人就在这种诸多方面存在着的对自由内容与自由层次的不断需求之中充实着人的内涵，发展着人的可能，彰显着人的本质。当我们探讨与追问人何以为人以及人的应然状态之时，人的自由是一个必然无法规避的话题与问题域，那么人何以为人以及人的应然状态是什么？其中重要的方面是人把自然界、人类社会，以及人自身的本质规定运用于客观实践之中时，人在这种意义上就获得了某种程度的自由。

现代社会，人对自由的理解已经有了一定的不同于前人之处。前现代社会，自由更多预设的是参与事物的可能与程度；而现代社会，尤其是青年人之间，对自由的理解更多表明的是青年人自身在所从事或进行的活动中人的非干涉与非干扰状态。前现代社会的自由通常被称为积极自由，现代社会的这种非干涉、非干扰状态的自由通常被称为消极自由。自由有着具体的语境尤其是社会阶级语境，在资本主义社会，青年人在一种看似放飞自我精神、肉体之自由中得到了满足与宣泄，但是人也在这种资本主义主导的工业文化与消费主义的误导之下迷失了自我之本真，从所谓的自由之壤跌入了不自由之界，最后走向他者与自我的双重埋葬，吸毒、放纵等就是这种埋葬的前奏抑或本身。社会主义的自由是社会主义核心价值观之一，不同于资本主义自由观的抽象性、虚无性与欺骗性，青年人只有在社会主义制度之下才能实现真正的自由，这种自由是建立在为国家、民族而奋斗基础之上的自由，这种自由绝非仅仅局限于个人的自由，而是将国家、民族的自由与个人的自由综合在一起的共同的自由，是真正意义上的自由，它鼓舞与激励包括青年人在内的广大人民群众为这种自由而奋斗。当今中国，各方面虽然已经取得了举世瞩目的成就，但是在政治、经济、文化等方面与所设定的共产主义目标还有一定距离，而每达成一个阶段性的目标，即意味着我们完成了一次向自由的飞跃与接近，人民日益增长的美好生活需要是当前及今后相当长时期内我们的自由之目标，而在实现这一目标的过程中也面临着发展的不平衡不充分的现实状况。因此，对自由的追求与自由的实现是一个长期的、艰巨的历史过程，我们党和政府认识到了这一点并且采取了切实有效的治国理政方式，以经济建设为中心，大力发展生产力是为了实现广大人民群众对物质生活自由的渴望；积极推进政治制度的改革是为了提升民众的民主政治的自由参与度；简政放权努力破除阻碍经济发展的体制机制的障碍，打破既有利益群体的藩篱，是为了经济发展更具活力，广大人民能够共享发展成果。认清这一点，青年人就树立了正确的自由观，即自由中包含着责任意识与使命意识，包含着奋斗精神与实践努力，能够自觉地将社会主义自由观转换为一种高尚的情感认同与良好的行为习惯；就能够认识到我们社会主义国家的自由，与资本主义保护资产阶级特定利益集团的所谓的自由有着本质的区别；就能够在正确自由观的指引之下向着个人与国家、民族的自由目的地奋勇前进。

社会主义国家的青年人在享受国家、民族为他们营造的政治自由、经济自由、文化自由之环境时，理所应当为国家、民族自由的构建作出自己力所能及的贡献，即自由不是一味地从国家、民族那里索取，自由意味着在享受自由之时也需作出某种贡献与努力。另外，青年人的自由不是绝对的毫无限制的，自由必须在国家法律、法规、规章、制度允许的范围内，且不得侵犯、干涉他人的自由。若非如此，则不但不能享受到真正的自由，反而还会受到制裁。

高校作为实施思想政治教育的主阵地，应该自觉主动地在教育过程中引导与培育大学生树立正确的自由观。具体而言要做到以下几点。

一是要加强对国家法律法规，以及单位规章制度的宣传与教育，使广大的青年学生清楚自由与非自由的界限之所在，让广大青年学生认识到当进入所谓的绝对自由之境之时，就意味着由自由转向了非自由的状态。当青年学生认识到这些边界之时，即认识到了自由的有限性与相对性，就会在自由问题上不逾矩、不违法，在对待自由问题时不犯自由主义、无政府主义的错误。

二是开展一些让青年学生实践自由的活动，比如义务植树活动、学习雷锋活动、走入社区帮扶困难群众活动等，让其亲身感受到自由之生动、价值，主动进行劳动实践。在校园内，可以充分发挥青年学生的积极性、主动性，比如让他们参与宿舍管理、社团治理、校园文化建设、课程选择，成为自己生活环境的主人，充分表达自己的意见并有足够多的机会去参与学校的管理，为塑造一个更加自由与开放的校园环境而努力。学校应该对青年学生开展劳动教育，在日常教学中适当添加适合学生的劳动内容，并且将其与学生的在校考核紧密结合起来，使其有章可循，有规可依。另外，学校还应该将学生的劳动课程以及实践纳入教师的年度考核之中，让师生在劳动这一课题上共同作出努力。

马克思主义认为："劳动首先是人和自然之间的过程，是人以自身的活动来中介、调整和控制人和自然之间的物质变换的过程。"①物质资料的生产是人类社会最为基本的生产，政治实践、文化实践等都是建立在物质生产基础之上的。青年学生参与劳动实践，既可锻炼自己的体魄，又可发展自己的智力，还可将自己在书本上学到的理论知识运用于劳动实践之中。在劳动过程中，青年学生彼此配合，形成团队协作精神。在劳动过程中，通过对生产资料、管理流程等的了解与掌握，青年学生能够更好地认识当下国内生产力的发展水平，以及其与国外先进国家生产力的发展水平之间的差距，增强危机意识与使命感。劳动实践是人脱离动物界成为人之本身的重要条件，同时人的劳动具有其本质特征，"自觉性、目的性和创造性是人类劳动的本质特征"②。青年学生作为社会主义国家劳动大军中的一员，应该自觉树立主人翁意识，苦练劳动的真本领，树立勤劳爱岗的

①《马克思恩格斯文集》第5卷，人民出版社2009年版，第207—208页。

② 林勇：《劳动社会学》，中国劳动社会保障出版社2006年版，第1页。

劳动价值观，拜广大的劳动群众为师，将自己的劳动内容主动与社会对劳动的需要对接，为国家的建设添砖加瓦。高校要充分发挥青年学生知识储备丰富、善于学习、勤于学习的特点，将劳动的内容由低附加值的基础劳动逐渐转向高附加值的技术劳动、知识劳动，为全社会提高劳动效率、提升劳动质量开辟出一条科学之径。青年学生应该在劳动过程中自觉养成遵循劳动规律的良好习惯，即青年学生的劳动应该符合青年学生的年龄特点、知识储备、生活阅历、思维方式等，要将劳动所遵循的历史规律与自己能够适应何种劳动的微观规律紧密结合起来，在合目的性与合规律性之中找寻到一条适合自己的劳动之科学路径，不能开展一些超越社会发展阶段与自身实际情况的违背科学规律的劳动。青年学生在劳动过程中，既解决自己劳动岗位的问题，又为国家与社会创造出财富，与广大人民共享劳动成果，享受诚实劳动所获取的合法劳动成果，杜绝各种不劳而获、好逸恶劳、坐享其成的不劳动思想。同时，青年学生通过辛勤劳动可获得劳动的幸福果实，以此来满足自己对生活、工作等方面不同层次的美好需要。

马克思主义认为人在本质上是一切社会关系的总和，而人就在劳动基础之上形成了与他人的各种关系，并且随着劳动范围的扩大与劳动内容的丰富，人与人之间的关系会变得更加紧密、多样，尤其是现代社会生产力的高度发展使得社会分工日益精细化，社会产品已经不是某一个体、某一部门与某一工厂所能独立完成，尤其是技术含量比较高的产品的生产，比如大飞机的生产，需要社会成员共同协作与配合。所以，现代社会中的劳动已经把劳动者当作一个有机的不可缺少的重要组成部分。青年学生应该认识到这一点，在劳动的精细化分工之中做好属于自己专长的一部分并密切配合其他劳动成员与劳动实体单位，养成协作精神，在规则与纪律之中实现作为劳动者意义上的自由。在劳动的历史过程中，劳动的技术要求、劳动的管理水平、劳动的目标设置、劳动的环境等都在历史性地发生变革，而青年学生若要适应这一变化，必须不断充实自己、提升自己，严格要求自己、锻炼自己，这样才能在竞争日益激烈的劳动环境中立于不败之地，走向劳动过程中更为自由的境地。人们在劳动过程中满足了自我的各种需要，同时在合作劳动中满足了他者的需要，形成了彼此帮扶的良好社会风气，形成了人人热爱劳动的风气，把劳动由谋生之手段逐渐转换成生活的第一需要，在全社会树立起劳动光荣、勤劳致富、崇尚劳动的风尚。总之，要像习近平总书记所指出的那样，“引导广大人民群众树立辛勤劳动、诚实劳动、创造性劳动的理念，让劳动光荣、创造伟大成为铿锵的时代强音，让劳动最光荣、劳动最崇高、劳动最伟大、劳动最美丽蔚然成风”[①]。劳动产生自由，自由来自劳动，劳动者越是进行充分自觉有价值之劳动越是能得到充分的自由，因为自由既是一种宝贵的思想与价值，更是一种现实生活中需为之努力奋斗的实践行动，脱离现实的自由或排除他者的自由最终都将走向不自由。青年学生对自由之实践就是要将社会主义核心价值观之自由践行于广大人民群众对美好生活的追求历程之中，以青春自由之我去迎接自由之未来。

三是要让青年学生认识到，不同社会形态下自由的含义以及自由所能惠及的群体是不一样的，资产阶级与无产阶级的自由观是不一样的，前者是代表资产阶级利益的虚假之自由，后者是代表无产阶级利益的真实之自由。资产阶级的自由在对待人与自然之关系时，将资产阶级无比贪婪之本性凌驾于对自然的毫无节制的开采与掠夺上，资本是衡量是否开发掠夺自然界，以及开发掠夺到何种程度的标尺。资产阶级将绿水青山留给自己享用，而将环境的非正义留给广大的人民群众或者转移给不发达国家或地区，前者获得了极大的自由，后者因前者的自由的获取而陷入了极度的不自由。资产阶级标榜资本主义国家是最为自由之国度，将自己对石油、土地、天然气等资源的极度掠夺标榜成解放拥有这些自然资源的国家或地

① 习近平：《在庆祝“五一”国际劳动节暨表彰全国劳动模范和先进工作者大会上的讲话》，人民出版社2015年版，第4—5页。

区。当所谓的“自由”降临到这些国家或地区之时，石油、土地、天然气等资源就从这些国家或地区被掠夺了，伴随而来的是战乱、贫穷以及疾病等灾难。资产阶级世界中所树立的自由观是立足于资产阶级利益而形成的，是诸如“华盛顿共识”之类的骗局，这种共识是资产阶级世界中的共识，绝非同广大的第三世界人民形成的共识，这种利益上的巨大差别就意味着自由观上的分野。在资本主义社会，能够获得真正自由与利益的群体是资产阶级本身，而非他们所标榜的广大人民群众，资产阶级自由的最大化就意味着无产阶级自由的最小化，资产阶级利益的最大化就意味着无产阶级利益的最小化。在资产阶级那里，绝对不存在所谓的全体成员的、绝对的自由，不存在可以放任自流的自由，一旦某种自由侵犯到资产阶级的自由，这种自由就要被限制、驱逐。而资产阶级所谓的自由，是在忽略最基本的事实即阶级的差别、社会文化的差异、历史的不同这些情况上的自由。这种自由自然没有市场，必将遭到广大第三世界国家与人民的揭露、反抗，因为这种自由只会加剧贫困、对抗、冲突、两极分化。同样，资本主义社会以所谓的言论、集会等上的自由来标榜自己的自由，但是这种自由只是对劳动人民不自由事实的掩盖而已。在同一个阶级语境下，由于个体的差异，其所能实现的自由没有绝对的同一性，而是相对的一致性或趋同性。

四是要使青年学生深刻认识到，自由的获得需要奋斗甚至需要付出代价。自由不是不劳而获的，需要树立为自由而奋斗的正确的价值观。革命战争年代，无数革命先辈与志士仁人为了国家与民族的自由而努力奋斗，许多人甚至为了实现国家、民族的自由而牺牲了自己的生命。例如，方志敏、刘胡兰、瞿秋白、毛泽民等无数革命先烈将自己的生命与热血洒在了为整个国家、民族的自由之境奋斗的征程上。和平时期，要达到人民对美好生活向往的自由之境，同样需要付出艰辛之努力，这种自由不是轻轻松松、敲锣打鼓就可以实现的。这一目标的实现面临着国际复杂的形势与国内繁重的任务，尤其是我们国家的改革开放进入深水区，一些阻碍改革开放与发展生产力的体制机制问题需要我们以极大的勇气再改革再破冰再出发来进行解决，需要我们不断进行自我革命，需要我们有足够的智慧与担当去直面通向自由幸福之境的荆棘坎坷。作为生长在红旗之下的青年学生，我们应该以革命先烈的精神来教育自己，结合现时代斗争的实际状况，用习近平新时代中国特色社会主义思想武装自己，不断将先辈奋斗而来的自由推向新的历史维度，赋予自由更加丰富的内涵与精神意蕴。毛泽东认为，“自由是对必然的认识和对客观世界的改造”[①]，而必然是在对客观规律发掘与现实矛盾解决的过程中得以把握的，其中既有对自然规律的认知、把握与实践，又有对人类社会以及人自身规律的认知、把握与实践。“光是思想力求成为现实是不够的，现实本身应当力求趋向思想”[②]，而这种认知、把握与实践绝非一蹴而就的，需要无数个体与团体在长期的、大量的社会实践中反复试验、不断总结。青年学生作为认识规律、改造社会之中坚力量，必然需要付出极大的努力与艰辛方能实现自由与自我价值。

五是要使青年学生正确认识国家、民族的自由与个人自由之间的关系，尤其是在二者发生冲突与矛盾时，取之与舍之各为何种自由。现代社会，人人皆处于一个个不可分割的团体之中，个体已经无法独立于团体之外而生存、发展，个体的命运与团体的命运息息相关。同样，个体的自由与团体的自由也已经融为一体，但是这种一体是有机统一体，团体给予个体充分的自由并不意味着团体自由的消弭或钝化，个体自由的充分展现并不意味着可以将某一个体的自由建立在另一个体自由的基础之上，也并不意味着个体的自由仅是趋向于一种单一标准或范式的自由。个体自由是立足于一定阶级立场的具有特定性质的可包含多种形式的自由。我们很难想

①《毛泽东文集》第8卷，人民出版社1999年版，第306页。

②《马克思恩格斯文集》第1卷，人民出版社2009年版，第13页。

象，脱离个体的自由的团体的自由的存在，个体的自由的健康发展可以为团体的自由开辟更为宽广的天地。中国发出构建“人类命运共同体”的倡议，其中所依据的原则之一就是某一个体、国家的自由与整个人类的自由休戚与共，它为某一个体、国家的自由与整个人类的自由之间可能产生的矛盾、对抗提供了全新的解决方案，为构建一个包容和谐之世界指明了方向，是未来实现“自由人联合体”的必由之路。人类命运共同体之自由不是众多个体、团体自由之形而上学意义上的简单、机械之相加，而是个体、团体之自由的有机统一。人类命运共同体所持有的开放、包容、合作等的意识与理念本身就是一种极具自由价值的思想体系，而对抗人类命运共同体的思想与行为，诸如资产阶级或地区霸权就是要将一种不自由思想与行为带入其中或将自己的自由凌驾于他者的自由之上。践行人类命运共同体理念就要坚决反对资产阶级的虚伪的自由，因为人类命运共同体理念尊重多元、尊重差异，求同存异，充分尊重与彰显个体或团体的主体性、独立性、差异性与自由性。而在资本主义国家，个人中心主义易使个体自由与团体自由之间产生冲突，人类中心主义易使人类自由与自然限度之间产生冲突，功利主义则易使价值理性被工具理性剥夺其应有空间。在社会主义国家，由于国家政权的性质以及执政党执政的目的，完全可以规避资本主义国家在自由领域所产生的不可调和之矛盾与冲突。关于自由，在其重要性上，国家、民族的自由要重要于个人的自由；在其先后顺序上，国家、民族的自由要先于个人的自由。但是，这并不意味着个人的自由不重要，国家、民族的自由最终还是为了个人的自由。因为在马克思主义那里，自由人联合体是未来社会之努力方向。个人自由的实现与发展可以促进国家、民族自由的实现与发展，且个人的自由只有在团体之中才能得以实现与充分发展。

六是要帮助青年学生在实现自由的过程中培养自我识别与纠错的意识、能力与行动。青年学生在为了实现自我的自由而奋斗的过程中，有时会侵害到国家、民族的自由，而这种情况一旦发生，虽然自己的自由得以保障与发展，但是会置他人于不自由之地。为此，青年学生应该“吾日三省吾身”，严格要求自己，有“照镜子”自我解剖的勇气，有自我革命的行动，不做有损国家、民族利益的事情，将为实现自己自由而奋斗努力的方向自觉与为实现国家、民族自由而奋斗努力的方向保持高度一致，并在国家、民族的自由之中获得自我更大范围更宽领域的自由，时刻以国家的法律、人民的利益、他者的自由空间等为标准，对照与检视自己在自由获取道路上的所作所为，为构建和谐社会条件下的真正自由之环境而不懈努力。

高校作为实施思想政治教育的主阵地，应该自觉主动地在教育过程中引导与培育大学生树立正确的平等观。具体而言要使青年学生认识到以下几点。

一是平等的保障是建立在社会制度变革的基础之上的。在剥削阶级占据统治地位的社会，广大劳动群众处于受压迫受剥削的地位，平等地位的获得必须与广大劳动群众的解放紧密结合起来。马克思主义认为：“无产阶级平等要求的实际内容都是消灭阶级的要求。任何超出这个范围的平等要求，都必然要流于荒谬。”[①]私有制是广大劳动群众实现解放的最大障碍，也是不平等的根源之所在，因此，消灭私有制与广大劳动群众平等地位的获得是一致的。在资本主义社会，无产阶级通过推翻资产阶级在社会上的统治与压迫，与对资产阶级社会制度变革的运动结合起来，进而建立起无产阶级专政的社会主义制度，将人民群众对平等的渴求变成现实。在中国，无产阶级的先锋队中国共产党带领人民推翻“三座大山”，将民族解放与阶级解放紧密结合起来，建立起无产阶级政权之国家与社会主义制度，将人民对平等的渴望变为现实。在社会主义国家，平等地参与社会政治生活、经济生活、文化生活，既是社会成员的呼声与愿望，又是社会主

①《马克思恩格斯文集》第9卷，人民出版社2009年版，第113页。

义制度的内在要求与发展方向，是体现社会主义制度优越性的重要方面，是人类文明进步与发展的重要体现。

二是平等的实现需要社会成员共同参与生产实践。如果说上文所说的平等的保障是建立在社会制度变革的基础之上的，是一种“政治斗争”，那么，平等的实现需要社会成员共同参与生产实践则是一种“经济斗争”。邓小平同志曾指出：“政治工作是要做的，而且是要好好地做。但是，政治工作要落实到经济上面。”[①]在社会主义社会，个体参与生产实践就是政治工作落实到经济上面的重要体现。这样个体能寻求到与其他社会成员一样的平等的工作机会，并按照社会主义制度所确立的对生产资料共同占有的原则，于生产劳动中贡献自己的智慧与力量，并获取相应的劳动报酬。所有的劳动者既是整个社会生产实践中的主人，能够自觉自主自由地发挥自己的聪明才智，同时又能与其他劳动者结成劳动同盟的关系。广大的劳动者如若不能平等地参与到社会生产实践中，贡献自己的聪明才智，就既不能为整个国家生产出巨大的物质财富与精神财富，也不利于自身的发展。而国家的生产力的巨大发展，能够促使社会群体中各成员最大限度与最大可能地实现平等。二者彼此促进，相辅相成。社会成员尤其是青年学生通过参与社会生产实践来完成平等之实践是一个长期的过程。实践发展到何种程度，换言之，社会成员尤其是青年学生参与社会生产实践到何种程度，就意味着平等实践到何种程度。

三是广大群众尤其是青年学生自身能力素养的提升是实现社会平等的必要条件。人类社会从不平等到平等，从比较平等走向更为充分的平等，绝不是可以坐享其成的，需要渴求平等的主体在社会实践中通过分析不平等的现象发掘出不平等的根源—找寻到解决不平等问题的方法—解决不平等的问题—构建平等的社会空间。而要完成这些任务，广大群众尤其是青年学生需要自觉根植平等之意识、学习平等之理论、锻造平等之能力，以

①《邓小平文选》第2卷，人民出版社1994年版，第195页。

己之为帮助实现平等。国家在大的政策层面要力求做到最大程度的平等，出台一系列的政策。比如为了促进整个国家范围内的平等，提出推进西部大开发、振兴东北地区等老工业基地、促进中部地区崛起等，这样能有效避免经济相对不发达的中西部、东北地区与经济发达的东部差距过大；国家提出城市反哺农村，实施乡村振兴战略，统筹城乡一体化，给广大的农村地区创造更多的公平发展的机会；对于一些不发达民族地区，实行高考加分政策，从资金、师资等方面提供大量的帮扶，让不发达民族地区的人民能够享受到与发达地区同样的教育资源；在高等学校中，对来自不发达地区或家庭经济条件较差的学生提供助学贷款、奖学金等，解决他们学业上的后顾之忧，使他们能够与其他同学站在学习的同一起跑线上，更为安心、平等地接受教育；在一些医疗条件不是很发达的地区，国家投入大量的资金、技术、人员等，使广大人民群众最大限度地享受到社会主义改革开放的成果，最大程度地保障人民群众的身体健康。这些都是基于人民群众福祉考量的平等观。青年学生应该认识到，这些平等之策是全社会付出极大努力甚至牺牲才取得的，来之不易，需倍加珍惜，而这种珍惜，需要广大的青年学生以不断提升自己能力素养来加以维护、巩固与提高，使社会主义国家每一个角落在未来在更大程度上实现“升级版”的平等，即当国家在以最大能力去给包括青年学生在内的公民提供平等之机会时，青年学生也应该以青春之我的努力奋斗去为这个社会上的其他人提供最大程度享受平等的条件与机会，也就是说青年学生要将享受平等的权利与为平等而努力付出的义务进行有机统一。

四是青年学生要有正确的平等观，并且有与错误的平等观作斗争的勇气与能力。平等观既有社会成员政治地位上的平等，还有经济地位上的平等；既有正确对待平等观的马克思主义的立场、观点、方法等，又要有鉴别错误平等观的能力。那种认为“十个手指一般长”的平均主义、吃大锅饭的做法或万事万物无差别的同一性观点不是平等观，这些思想不但不能助益平等观的构建，相反会损害真正的平等观。要反对那种占据公共资源去谋取个人利益的做法，腐败、特权、剥削是平等的反面，因为这剥夺了最广大群众的平等的机会。但是这些现象往往以极为隐蔽的方式存在着，青年学生要能够对其识别并做最为坚决的斗争。青年学生应该树立正确的平等意识，因为正确的平等意识是构建平等社会的前提与保障。青年学生作为社会主义国家公民中的一员，应该认识到，中华人民共和国公民在政治、经济、文化上都是平等的，这种平等不以地域、民族、性别、贫富等的差别而出现差别。青年学生应该将正确的平等意识融入自己的日常学习、生活与工作中，加强平等意识的践行，同时以平等意识的践行来丰富社会主义核心价值观中平等的内容。在学校中，青年学生应该与老师、同学之间保持一种平等之关系，既不能因为自己知识、能力、阅历等的欠缺而要老师给予自己更多的“关照”，甚至放松对自己的要求而在一些事情上寻求特殊化，搞不平等，也不能因为自己家庭条件优越，就高高在上、处处与众不同，搞个人中心主义，人为制造不平等现象。在个人修为上，青年学生不能因为自己的家庭条件、长相而居高临下或妄自菲薄。这均不是平等之意识。青年学生应该学会尊重他人、理解他人、关心他人，不歧视弱者或有缺陷的人。在课堂上，应该做“抬头一族”而非“低头一族”，这既是认真学习的表现，又是尊重教师的表现。而教师同样应该以平等之意识与行动对待每一位学生，以身作则，以平等之示范来感染、教育每一个学生，使其生活在一个平等之环境中。在校园里，在食堂吃饭不浪费粮食，爱护花草树木，也是平等对待学校工作人员的表现。在对待少数民族同学方面，应该了解他们的风俗习惯，充分尊重他们的生活习俗，不说不做有损少数民族同学感情的事情，树立少数民族离不开汉族，汉族离不开少数民族，各少数民族之间也相互离不开的思想。青年学生应该自觉抵制生活上、学习上、工作上的不平等思想与行为，与广大教师、同学建立平等和谐之关系，在家庭之中同样应平等对待每一个家庭成员，只有这样将来走向社会后才能更好地适应社会、推动社会的发展。在社会主义国家，全体人民共同占有生产资料，这是我们进行社会实践、保障平等的出发点与条件，抽象的平等观不是真正意义上的平等。因此，青年学生若要维护平等观必须首先维护我们的政治、经济制度。

我们的平等观包括以下内容。在平等的主体上，有合法公民个体的平等，有合法社会团体、组织的平等，有不同民族的平等。在平等的内容上，能够保障全体人民成为国家的主人，能够保障全体人民当家作主，能够保障全体人民平等地享受社会主义的资源、机会等，能够保障全体人民在国家的法律法规，以及各级部门的规章制度中平等地享有最基本的权利，诸如法律面前人人平等、教育的平等、工作机会的平等、性别的平等等。在平等的取得路径上，在社会主义国家内，要通过合法、合规的奋斗方式来实现平等。在物质财富上，我们主张一部分人先富起来，先富起来的人带动后来者，这不是吃大锅饭绝对平均主义的平等，恰恰是基于我国基本国情，实事求是制定的平等政策。而这种具有中国特色的共同富裕路径恰恰是我们国家追求的真正意义上的平等，那种不顾国情追求所谓绝对平等的平均主义最后只能走向共同贫穷。我们的平等观应该与我们的国情、生产力的发展状况相适应。我们当下的平等观是与我们处于社会主义初级阶段这一基本国情相适应的。青年学生应该认识到，由于受到生产力发展水平、生产关系的制约，地区之间以及人员之间仍存在差别，一部分地区、领域还存在着发展不充分的现象。没有完全的、绝对的、无差别的平等，平等只是相对意义上的，这意味着我们为了更大范围更深层次的平等需要付出更多的努力，这是一个长期的艰巨的过程。我们的“教育要面向现代化，面向世界，面向未来”。青年学生作为受教育者，在享受平等教育机会之同时，也应将平等之理念深深刻入思想之中，以平等之思想待他人、待世界平等待我之民族与国家，以自我平等之理念促进世界之平等，以自我平等之理念助力世界之现代化，以自我平等之理念面向未来的平等之世界。

高校作为实施思想政治教育的主阵地，应该自觉主动地在教育过程中引导与培育大学生树立正确的公正观。具体而言要做好以下几点。

一是加强马克思主义的公正观教育。马克思主义认为，以往的阶级社会存在着剥削阶级与被剥削阶级两大对抗阶级，剥削阶级必然通过欺骗、敲诈、暴力等非公正形式来实现自己的阶级利益。马克思主义基于资本主义社会中的实践斗争，将共产主义的实现作为全体社会成员最终享有公正的前提条件。因为在资本主义社会中，占社会少数的资产阶级与占社会大多数的无产阶级在对生产资料的占有上出现极大的不公正，少数人占据多数人的生产资料并将多数人的劳动成果据为己有，这既使无产阶级的利益受到侵害，同时也使无产阶级的尊严与人格遭到践踏。在资本主义社会中，资产阶级宣扬的“自由、平等、博爱”仅具有公正之形式，主要表现在仅具有政治、法律等形式上的公正，而缺乏公正之实质内涵。因为资产阶级专政以及资产阶级专政下对私有制的保护，意味着广大的无产阶级无法在公正的各个层面上与资产阶级分庭抗礼。在马克思主义那里，公正应该是全体社会成员共同的公正，而不是资本主义社会中少数人对“公正”的获取建立在大多数人不公正的基础之上。马克思主义彻底批判抽象关系凝结着的人之虚假状态与本质。无产阶级要肩负起历史的使命去改变这种不公正，而这种改变是以无产阶级的解放与全人类的解放为基础的。公正应该是以人为核心的公正。没有人的公正，就没有人的发展；没有人的公正，也没有社会的发展与进步。在共产主义社会这种公正的环境之中，生产资料私有制被消灭，取而代之的是生产资料公有制，不公正的根基被铲除，同时统治阶级被消灭。在共产主义社会中，生产正义同时伴随着分配正义，劳动者共同占有生产资料，彼此协作生产。公正之社会环境是实现社会中人的各种正当、合法、合理、公正之利益诉求的根本保障。马克思主义关于公正的论述是以生产资料所有制为源头的，以人在生产资料中所处位置与关系为起点，以革命性的变革为过程。

公正既是一种观念，又是一种价值观，更是一种实践。因为不同国家和地区不同社会文化背景的人对公正具有不尽相同的理解，处于不同阶级背景中的人对何谓公正持有不同的价值取向。马克思主义的公正价值观与非马克思主义的“公正”价值观显然有着本质的区别，而要将马克思主义的公正价值观变成现实，一方面要与非马克思主义的“公正”价值观作坚决的斗争，另一方面要对生产资料所有制进行变革，通过阶级斗争来推动。阶级是因为社会成员占有不公正的生产资料与社会财富才出现的，消灭阶级使社会成员公正地进行社会生活就成为实现公正之诉求的保障，而所有这些归根结底是一种实践。正如马克思主义所认为的那样，“对我们说来，问题不在于改变私有制，而只在于消灭私有制，不在于掩盖阶级对立，而在于消灭阶级，不在于改良现存社会，而在于建立新社会”①。唯物史观视域下公正的获取要置于共产主义社会物质生产以及物质利益的保障之中，而在共产主义社会主要通过发展生产来最大限度地完善公正，因为生产的发展，可以使更多人对公正的诉求得到最大程度的满足，“有可能随自己的兴趣今天干这事，明天干那事，上午打猎，下午捕鱼，傍晚从事畜牧，晚饭后从事批判”②。这样人的需求与自由发展空间得以充分实现，人们对社会公正最大程度的诉求就意味着人们同时对社会生产最大程度发展的需要。青年学生在享受社会主义条件下的政治公正、经济公正、文化公正的同时，也应积极为此而尽全力构建之、完善之。既要公正地对待他人，公正地维护他人的利益，这是个人道德修养的表现；也要在公正理念下切实维护好自身利益，避免自身利益遭到侵害，这是自我正当权益保护意识的觉醒。

二是重视青年学生公正观养成的社会价值。青年学生历来是最具社会

①《马克思恩格斯文集》第2卷，人民出版社2009年版，第192页。

②《马克思恩格斯文集》第1卷，人民出版社2009年版，第537页。

变化敏感度的群体，也是最具革命理想化的群体，更是思想最为活跃的群体，对社会公正的渴望十分强烈。青年学生在学校与社会两个不同环境下学习与发展，对其中的差异以及某些社会公正现象的体会也至为深刻。改革开放以前，我国实行的是计划经济体制，统一计划与分配社会产品，人与人之间在物质所得等方面的差异并不十分明显。改革开放之后，我国实行社会主义市场经济体制，倡导效率优先，地区差异、部门差异、个体差异一并凸显，两极分化在一定程度上存在，一些地区的发展速度与发展质量与人民群众对发展成果的需求之间还存在着一些差距。看病难、看病贵，水、空气等污染，房价高、养育孩子成本过高，社会上存在着的一定程度的腐败……这些在发展中出现的问题往往给人以不公正的感觉，给青年学生的发展带来了不利影响，为青年学生如何看待这些现象带来了许多的困惑。对于社会上存在的这些现象，青年学生如果不能树立正确的公正观，即不能正确认识公正的发展程度是与我国社会生产力的发展水平相一致的，不能正确认识改革开放过程中的主流是好的，就会从思想上、行动上走向与社会对抗的境地，不但不能改善社会公正，相反会损害社会公正和谐局面的构建。这将不利于改革开放的顺利进行，不利于社会主义现代化建设。为此，青年学生应该辩证看待我们社会的公正的大部分的正面成绩与某些不公正的极小部分的现象之间的关系，应该看到我们党和政府正在加大力度构建一个公正公平的社会环境，正在下大力气逐步改变社会上某些不公正的现象。党的十八大以来，以习近平同志为核心的党中央正在以前所未有的力度进行反腐倡廉建设，正在为构建更加公正更加和谐的社会主义社会而努力奋斗，将政治体制的改革、经济体制的改革、文化体制的改革统一进行，让广大的人民群众在一个更为公正与和谐的环境中干事创业，进行社会主义建设。培养公正的价值观，养成公正的行为习惯，青年学生应该首先从自身做起。因为这是青年学生在学校与将来在社会上立足之根本，一个没有公正价值观的青年学生将行之不远、行之不稳，于个人自身、于国家社会而言都将不利。青年学生应该将对公正的正确认知与自身的价值理性、正确的理想信念、坚定的政治方向及对未来的职业规划结合起来。青年学生应该有理性辨别与处置社会上不公正现象的意识与能力，社会的发展需要青年学生参与，而面对不公正现象之时，青年学生不能采取极端方式来对待，而应在国家法律法规框架内通过合法合规的方式加以处理，以自身的正能量与正确的处理方式来带动身边同学树立起正确的公正观。青年学生以正确的公正观来对待社会上各种关于公正的现象，这是“有理想、有道德、有文化、有纪律”的集中表现。因为在改革开放新的历史时期，各种社会思潮尤其是一些资产阶级的思想对我们的青年学生造成了一定的冲击。青年学生坚守住了正确的公正观，就意味着遵守了社会公德，坚持了正确的价值取向。主动、自觉地践行、维护社会的公正，这是健全人格的体现，是成熟思想的体现。青年学生是祖国的未来、民族的脊梁，对青年学生进行公正教育，将会对学校、对家庭、对社会公正风气的树立起到良好的示范效应，凝聚起社会成员在价值观上的共识，推动整个社会公正局面的形成。对于学校而言，公正教育是学校思想政治教育的重要内容，青年学生公正观的养成，将在整个校园中形成平等、关爱、和谐、友好的浓厚氛围，为人文校园构建起到很好的作用，还能够牢牢巩固马克思主义意识形态的主阵地，因为公正观坚持的是马克思主义的指导；对于家庭而言，公正教育将形成一种和睦、亲密、尊重的家庭氛围，使家庭这个社会最基本的细胞更加健康地运行；对于社会而言，公正教育能使整个社会朝着更加公正、更加健康的方向发展，青年学生个体公正小环境的建设能够推动整个社会公正大环境的改善。

三是拓宽青年学生公正观养成的路径。学校应该出台与完善相关政策与制度。比如在教学内容的设计上，应将公正观的内容纳入教材中，在学校相关课程，如“形势与政策”中，主动融入关于公正观的教学理论与案例事件等内容；在教学过程的管理上，应该建立起公正观教学可考核的机制；在教学资源的投入上，应该有相应的教学资料、教学器材、教学场地等方面的保障；在教学经费的投入上，鼓励学院、学校、社会等各方面众筹资金来办好有关公正观的教学及课外活动，在这方面，学校责无旁贷，应该发挥主导作用；在教学形式的设计上，既可以有传统课堂上的传授，又可以有现代多媒体技术的运用，如学生喜于接受的网络媒体等，学校可以组织人员自建有关公正观教育的网络系统。同时，还应主动开展一些以公正观为主题的活动，以积极正面的公正观的宣传为主，同时兼顾对负面现象的批判。活动的形式要紧密结合青年人自身的日常生活，使其可感可触，比如辩论赛、演讲比赛、社会调查实践等。

高校作为实施思想政治教育的主阵地，应该自觉主动地在教育过程中引导与培育大学生树立正确的法治观。原因主要有以下几点。

一是对大学生进行法治教育是历史与现实的要求。作为社会主义的建设者与接班人，青年人的法治意识与法治水平在某种程度上来说决定了国家以什么样的法治环境与水平去治理与建设社会。具有法治意识是时代新人的重要体现。青年学生具有法治观，就意味着青年学生在日常生活中要将法治精神渗入行为规范之中，不能触碰法律底线，将法律作为心中与行为上的崇高信仰。之所以要这样，既有历史原因，又有现实考量。就前者而言，自新中国成立以来，我们党和政府就高度重视立法以及法治建设的环境，颁布了多部法律，全体人民自觉形成了法治意识，养成了法治行为规范。但是，“文化大革命”对我国的法治环境造成了比较大的冲击，很多法院也遭到破坏，人们的法律意识受到影响，法治执行困难重重。邓小平指出，“搞法制靠得住些”[①]，“在党政机关、军队、企业、学校和全体人民中，都必须加强纪律教育和法制教育”[②]。改革开放以来，我国以经济建设为中心，社会物质领域的生产得到飞速的发展与进步。由于我们把

①《邓小平文选》第3卷，人民出版社1993年版，第379页。

②《邓小平文选》第2卷，人民出版社1994年版，第360页。

主要精力集中在社会主义经济建设上，在一定程度上忽视了法律知识的普及，以及对青年学生的法治教育与法治意识的培养，加上各种资本主义社会思潮的涌入、社会上某些不良风气的影响，部分青年学生由于生活阅历的缺乏而缺少辨识能力，误入歧途，有的甚至锒铛入狱，给自身、家庭、社会、国家造成巨大影响与伤害。

另外，改革开放以后，我们把依法治国摆在更为突出的位置，形成了全民共识，社会各个领域也已经朝着更为专业化、更为法治化的方向发展，如何将某一部门或行业的专业化的发展与整个社会对其法治化的要求很好地结合起来，这是一个解决起来十分有难度的问题，而若想要很好地加以解决，其中重要的方面就是要在全社会中尤其是在青年学生中间进行法律知识的普及教育、法治观点的养成教育。对青年学生加强法治教育能够提高其在日常学习、工作、生活中对问题的发现、思考、辨识、解决的能力，对于青年学生理论素养的提升，明辨是非、辨别真假，观察问题、解决问题，用好法、护好法、树立正确的法治观都有巨大帮助。青年学生法治意识的增强、法治能力的提升必须与社会主义法治的发展同频共振，协调一致。我国法治工作是立足于正确的政治工作的方向与立场的，必须要坚持中国共产党对社会主义法治工作的指导，必须要坚持以人民为中心的法治工作态度与理念。因此，青年学生应该自觉坚持中国共产党领导的法治工作内容与方法。社会主义法治作为无产阶级统治的重要内容，反映着特定的意识形态，有特定的服务对象，青年学生只有正确认识到了这一点，才能更好地理解我们国家的法治工作。虽然法律条文在相当长的时间内是相对稳定的，但是青年学生法治教育的内容却是随着形势与政策的变化而变化的，这种变化主要表现为无产阶级意识形态与资产阶级意识形态之间尖锐的斗争，具体表现为西方敌对势力以青年学生为重点争夺对象，以资产阶级所谓的民主、法治、自由、平等、博爱诱惑青年学生。一些高校在法治观的教育与普及上，不够深入，不能制定出有针对性的规划、制度等，仅仅停留在空洞的说教上，学生对于具体的法律条文、法规法纪的学习非常少。要改变这一状况，需要学校对学生进行系统而深入的法律知识与条款的教育，使学生具备一定的法律素养，自觉地将自身的日常行为规范对照于法律等。一些高校在道德教育与法治教育上存在一定的误区或不足。有些高校甚至认为，只需做好道德教育，法治教育自然就会做好，出现重视前者而轻视后者的现象。高校对青年学生的道德教育是要将共产主义理想信念的教育与中国特色社会主义共同理想的教育紧密结合起来，在未来与现实之中加强青年学生的社会主义法治观的教育与培养。因为青年学生既是当下宝贵的人才资源，又是未来社会目标实现的人才保障。当我们将道德教育与法治教育紧密结合之时，就意味着道德教育与法治教育同样重要，二者相辅相成，缺一不可，共同深刻地影响与作用于青年学生的成长。一方面，对青年学生的道德教育是对青年学生的法治教育的前提与条件，道德教育能够在精神涵养、道德遵循等方面为法治教育提供条件与基础；另一方面，对青年学生的法治教育是对青年学生的道德教育的体现与保障，良好的法治教育环境，为道德教育的实施提供了很好的“土壤”与“气候”。因此，高校应从积极方面对青年学生进行法治教育及道德教育。

二是打造一个有利于青年学生法治观养成的校园环境是时代需要。目前我国正处于由应试教育向素质教育转型的重要时期，这意味着使青年学生成为具有专业素养的、能够适应现代社会发展需要的综合性人才是当下教育的主要内容与目标。而对大学生进行法治教育，是帮助大学生成为未来社会中自由人的重要方面，也是帮助大学生成为国家社会建设人才的重要保障。高校治校理念与目标的重要方面就是对青年学生进行法治教育，而高校针对青年学生的法治教育本身，也要在法律框架范围内合法合规地进行，以使教育成果最大化。高校在实施思想政治教育的过程中必须明白是为谁培养人的问题。答案很明显，是为了人民事业而培养忠于人民的人。一个具有良好法治素养并自觉遵守社会主义法律法规的人，才能成为一个忠于人民的人，才能为了人民事业而努力奋斗。青年学生在错综复杂的世事面前，在各种社会思潮的影响下，尤其是在各种物质利益等的诱惑之下，如若没有法治意识、辨识能力、是非观与正确的价值观，往往会走向法治的对立面，最终为社会所抛弃。

为了更好地进行法治教育，高校必须做好以下几点。

首先，高校本身应该构建一个具有法治理念、法治文化、法治规章制度的大的校园生态环境，以此来影响、感染、带动居于其中的青年学生。高校在日常的运转中，要让居于其中的青年学生能够切实体会到学校依法治校、依规行事，校园秩序井然。部分高校在自身建设与发展中，认为青年学生只要不违法乱纪就可“天下太平”，出现只重视学生成绩而轻视学生法治教育，智育抓得很实而法治教育却抓得很松很虚的情况，高分率、考研率、考博率、就业率成为某些高校的终极追求，或者将法治教育等同于社会工作岗位的职业要求，忽视法治教育在整个校园环境或者学生个人成长中的作用。针对此种情况，高校在对青年学生进行思想政治教育的同时，应提高政治站位，提高思想认识，以自身的引领与示范来做好青年学生的法治教育工作。

其次，高校在青年学生法治教育的内容及方式方法等方面应该尽量优化，使其适合青年学生的特点。传统法治教育课堂，通常以教师讲授为主，学生的参与度较低，对教学内容印象不深，所学成果的检验形式最后往往停留于背诵与考试上，对其兴趣不能持续甚至产生厌学现象，也不能做到将所学理论联系实际。为此，高校在组织教学时应该选择合适的案例，做到理论结合实际，使学生能对一些违法行为进行批判与反思，认识到法治在生活与工作中的重要性，增强自觉接受法治教育的主动性与积极性。另外，高校教师可以在日常教学活动中，在教学具体内容的设计上、在教学手段的运用上更多地加入青年学生乐于接受的多媒体技术，在教学环节上设计一些能够让学生参与其中的题目等，同时可以引导学生走出课堂走向实际生活之中接受法治教育，比如观看腐败分子践踏法治最后锒铛入狱的相关视频等。这样的教育能使学生感受更深，效果也会更好。

最后，高校应该帮助青年学生树立接受法治教育的正确态度。当下，高校中相当一部分青年学生是独生子女，他们生活条件优越，在家庭中众多亲人以自己为中心。进入学校之后，若仍旧存在个人中心主义思想，则在与集体中其他成员发生矛盾时，往往不能正确对待，容易走向极端甚至以暴力方式加以解决。内因是事物变化的根据，外因是事物变化的条件，外因通过内因来起作用。青年学生在接受法治教育与看待法治事件时，同样受到内因与外因的影响。因此，学校应结合青年学生自身的实际状况，找出其不能很好接受法治教育的原因。例如，是对法治教育的重要性认识不到位，心理上存在抵触情绪；还是由于渴望成熟与独立，像法治教育这样的说教式教育不适合自身发展；抑或是由于当下就业形势严峻，青年学生只学习对自己就业“有用”的能够立竿见影的知识；等等。如果确定是这些原因，学校就有责任有义务帮助青年学生正确处理接受法治教育与其他事情之间的关系，从而使高校法治教育的工作做得更细致、更有的放矢，收获更好的效果，使青年学生在一个更加健康的环境中茁壮成长。这样做既有利于青年学生自己，又有利于家庭、学校、社会与国家。

社会主义核心价值观在公民个人层面的价值准则即爱国、敬业、诚信、友善。社会主义国家的公民应该自觉养成爱国、敬业、诚信、友善的良好品德，而这也是青年学生必备的良好品德。

高校作为实施思想政治教育的主阵地，应该自觉主动地在教育过程中引导与培育大学生树立正确的爱国观。

青年学生需要将个人的爱国情感、行为融入接受思想政治教育的各个环节之中。列宁曾经指出：“爱国主义是由于千百年来各自的祖国彼此隔离而形成的一种极其深厚的感情。”[①]中华民族历史悠久，文明灿烂，之所以绵延不息，就是因为有爱国主义这个优良传统。从范仲淹的“先天下之忧而忧，后天下之乐而乐”，到戚继光英勇抗倭，到林则徐的“苟利国家生死以，岂因祸福避趋之”，到陈独秀、李大钊等一大批志士仁人为了促进民众觉醒而四处呐喊，再到中华民族团结一致、同仇敌忾，抗击日本侵略者展现出的民族气节与家国情怀，均鲜明地体现了爱国主义这个优良传统。“天下兴亡，匹夫有责。”中华优秀传统文化哺育了伟大的爱国主义精神，换言之，中华优秀传统文化的发展史就是爱国主义精神与行为的发展史，同时，爱国主义精神与行为丰富与发展了中华优秀传统文化的内蕴，二者共同构筑了中华民族的历史。爱国主义所形成的巨大力量使中华民族在历次反抗外来侵略的斗争中能够众志成城、万众一心，坚决捍卫国家主权和领土完整，也使中华民族能够屹立于世界民族之林，为世界文明的发展与繁荣作出巨大贡献。正如习近平总书记所指出的：“弘扬爱国主义精神，必须尊重和传承中华民族历史和文化。”[②]青年人爱国首先应该热爱自己民族的优秀传统文化，将自己民族的优秀传统文化作为爱国的有力武器，坚定对自己民族的优秀传统文化的自信。无产阶级的爱国主义思想是与无产阶级的解放紧密结合在一起的，并且是与国际主义紧密结合在一起的，这是对马克思的“工人没有祖国”思想的继承与发展。这种爱国主义精神所展现出的对民族、国家的强烈的认同感与对集体、同胞的热爱之情，时至今日仍然是我们民族基因中不可缺少的重要组成部分。作为新时代社会主义建设者和接班人的青年学生，理应自觉接受爱国主义教育。

新时代，青年学生在接受爱国主义教育、践行爱国主义精神的过程中，应该自觉做到以下几点。

---

①《列宁选集》第3卷，人民出版社2012年版，第579—580页。

② 习近平：《大力弘扬伟大爱国主义精神 为实现中国梦提供精神支柱》，中国政府网，https://www.gov.cn/xinwen/2015-12/30/content_5029655.htm。

首先，青年学生接受爱国主义教育、践行爱国主义精神要与参与社会主义建设结合起来。实现中华民族伟大复兴的中国梦是全体中国人民的共同理想。习近平总书记指出："实现中华民族伟大复兴的中国梦，是当代中国爱国主义的鲜明主题。"①近代以来，中国遭受列强欺辱与侵略，大量土地被割让，大量不平等条约被签订，且面临大量赔款，国家四分五裂、民族积贫积弱，中国人民饱受屈辱、压迫与剥削，民族矛盾、阶级矛盾日益加重，无数志士仁人为了国家的独立而舍小家顾大家，抛头颅洒热血，实现中华民族的独立与建立崭新的中国是其梦想。1949年10月1日中华人民共和国的诞生使这一梦想最终成真。如今，我们虽然生活在一个独立自主的国家，但是世界仍然不太平，霸权主义与侵略行为时常出现。因此，青年学生应该传承革命先烈的爱国主义精神，捍卫革命先烈以生命换来的成果。同时，为了避免历史悲剧重演，使国家强大与复兴起来，还应该自觉地将爱国主义精神与爱国情怀融入新时代，在实现中国梦的过程中实现个人梦，同时，在实现个人梦的过程中助益中国梦的实现。二者相辅相成、并行不悖，中国梦引领、带动个人梦，无数个人梦的实现能够促进中国梦的实现。习近平总书记指出："中国梦是民族的梦，也是每个中国人的梦。"②而无论哪种梦想，要想实现都需要奋斗。因此，新时代青年学生接受爱国主义教育、践行爱国主义精神要与参与社会主义建设结合起来。

其次，青年学生要将爱国主义与热爱中国共产党、热爱社会主义紧密结合起来。习近平总书记指出："祖国的命运和党的命运、社会主义的命运是密不可分的。只有坚持爱国和爱党、爱社会主义相统一，爱国主义才是鲜活的、真实的，这是当代中国爱国主义精神最重要的体现。"③中国共产党作为无产阶级的先锋队，自成立以来就始终把国家与民族的独立与解

①《习近平关于社会主义文化建设论述摘编》，中央文献出版社2017年版，第127页。

②《习近平谈治国理政》，外文出版社2014年版，第40页。

③《习近平关于社会主义文化建设论述摘编》，中央文献出版社2017年版，第129页。

放作为自己矢志不渝的奋斗目标。党建立之初，中国处于半殖民地半封建社会，山河破碎，民不聊生。中国共产党带领全国人民经过28年浴血奋战，打败日本帝国主义，推翻国民党反动统治，取得新民主主义革命的伟大胜利，建立了人民当家作主的社会主义国家。之后，中国共产党又与全国广大人民群众齐心协力开展社会主义建设并取得了伟大成绩。尤其是改革开放以来，中国取得了举世瞩目的发展成就，2010年国内生产总值超越日本，成为世界第二大经济体。中国特色社会主义进入新时代以后，我们党不忘初心、牢记使命，继续带领全国人民不断为美好生活而奋斗，取得了脱贫攻坚战的伟大胜利并全面建成小康社会。由此可知，我们党始终坚持以人民为中心，以人民满意不满意、高兴不高兴、拥护不拥护、答应不答应作为自己工作的标准与方向，在自己的旗帜上鲜明且郑重地镌刻上"全心全意为人民服务"，自觉地将所制定的方针、政策、路线与国家的、社会主义的发展道路、方向保持一致，矢志不渝地朝着这个目标努力前进。党的利益与国家的利益是高度一致的，党的方向与国家的方向、社会主义的发展方向是完全一致的。因此，在当代中国，青年学生应该明白国家的进步与社会主义的繁荣离不开中国共产党的领导，"中国共产党领导是历史的选择、人民的选择，是党和国家的根本所在、命脉所在，是全国各族人民的利益所系、命运所系"①。青年学生热爱国家在某种程度上来说就是热爱中国共产党，热爱社会主义。因此，青年学生在接受爱国主义教育时，要自觉地拥护中国共产党的领导，自觉地加强党史知识的学习；同时，青年学生在接受爱国主义教育时，要自觉地热爱社会主义，投身到社会主义现代化建设中去，投身到改革开放的历史潮流中去。在中国特色社会主义新时代，青年学生要自觉地以习近平新时代中国特色社会主义思想为指导，不断武装自己、发展自己、成长自己，将个人的发展和命运，

① 习近平:《在纪念辛亥革命110周年大会上的讲话》,人民出版社2021年版,第6—7页。

与党的发展和命运，与国家的发展和命运，与社会主义的发展和命运紧密结合在一起，积极参加理想信念教育活动，参加感恩党、感恩国家、感恩社会主义的活动。青年学生应该立足于时代，立足于中国，怀着世界眼光，以更加积极健康的态度、更加开放包容的胸襟去面向世界、面向时代、面向未来。

最后，青年学生要积极参加学校组织的爱国主义教育实践活动。从某种程度上来说，高校是青年学生接受爱国主义教育的主要场所，应该通过协同创新的路径，联合政府、社会、家庭等力量打造多位一体、多方联动的爱国主义教育机制。其一，学校应该在青年学生爱国主义教育方针的制定、政策的出台等方面为政府献计献策，同时积极争取政府在青年学生爱国主义教育上经费、场地等方面的支持与投入。其二，学校应该主动去寻找一些能够对青年学生进行爱国主义教育的场所，如革命历史博物馆、革命历史遗迹等，通过参观学习让学生体会到党的百年艰辛奋斗的历程，感受到新中国的来之不易。历史是一面镜子，通过这面镜子，青年学生应该能够感受到爱国绝非一时冲动之情感，而是历史的积淀与情感的自觉状态，并且随着历史的发展而显得更加厚重与绵长。学校还应该有让青年学生走出校园走向社会去宣传爱国主义的一些相对稳定的平台。比如，组织学生积极宣讲党的最新的方针政策，帮助学生加强对国际国内形势的了解，使学生感受新时代中国发展跳动的脉搏，坚定爱国主义的立场。又比如，组织学生参加社区志愿服务活动，到艰苦的地区锻炼成长从而加强对国家的认知与热爱，凝聚共识，形成社会正能量。其三，学校应该主动与学生的家庭成员进行沟通与交流，了解青年学生在家接受的爱国主义教育的具体内容，并给予一定的有益的指导和帮助，让学生在家庭日常生活的细微之处感受国家的宝贵，认识到有国才有家，理解家与国的辩证关系，由此在自身情感上自觉生发对家的热爱、对国的热爱。

高校作为实施思想政治教育的主阵地，应该自觉主动地在教育过程中引导与培育大学生树立正确的诚信观。具体而言要做到以下几点。

一是加强青年学生对诚信价值观的正确理解。《说文解字》中说："信，诚也"，"诚，信也"。《礼记·中庸》中有言："诚身有道，不明善乎，不诚乎身矣！诚者，天之道也；诚之者，人之道也。"诚信在中华优秀传统文化中占据极为重要的位置，是一个人修身、齐家、治国、平天下的基本要求。诚，则意味着真实、真诚、干净、纯洁，不存在虚假与欺骗之行为；信，则意味着遵守诺言，踏实、可信、可靠，言行一致。诚信是人立足于社会之根本。在社会主义国家，诚信对于每一个公民尤其是对于共产党员而言极为重要，要求做到表里如一、实事求是。正如毛泽东同志所指出的："对同志、对战士、对人民，要讲老实话，是则是，非则非。"[①]作为青年学生，更应该以社会主义核心价值观中的诚信作为对照自己行为的一面镜子，自觉做到"以诚实守信为荣，以见利忘义为耻"。诚实守信应该是一把尺子量到底，对任何人、任何团体都应采用同样的标准。在社会发展的历史进程中，人们对诚信的要求越来越高、诚信覆盖的人群范围也越来越广。作为新时代的青年学生，应该以历史与时代的合理标准来严格对照自己，在日常学习、工作与生活之中时时处处做到诚实守信，并将这种诚实守信建立在以人民利益为核心，以集体利益为前提的基础之上。

在社会主义市场经济条件下，诚信是市场经济活动主体必须遵守的原则，也是市场经济活动主体进行交往与从事生产的基础。在社会主义市场经济中，"彼"与"此"所形成的经济关系渗透着某些经济伦理思想，而诚实守信是其中的重要组成部分。具体而言，诚实守信的伦理意识、伦理规则、伦理行为、伦理关系等对社会主义市场经济中各个主体的行为规范、行为价值取向都有极大的影响，严格遵守这一基本原则，将会在很大程度上有利于化解市场经济中某些不诚信的危机。诚实守信既是社会主义

①《毛泽东文集》第3卷，人民出版社1996年版，第259—260页。

市场经济的基础，又是发展社会主义市场经济的条件，社会主义市场经济发展与成熟的程度与诚实守信伦理价值的遵守程度是正相关的。但是，在资本主义制度条件下，市场经济具有二重性。诚如马克思所指出的那样："信用制度固有的二重性质是：一方面，把资本主义生产的动力——用剥削他人劳动的办法来发财致富——发展成为最纯粹最巨大的赌博欺诈制度，并且使剥削社会财富的少数人的人数越来越减少；另一方面，造成转到一种新生产方式的过渡形式。"[①]由此可知，社会主义市场经济条件下的诚实守信与资本主义市场经济条件下的信用有着本质的区别。社会主义市场经济条件下的诚实守信既是一种伦理价值，又是一种达到社会主义事业发展与进步目的的必不可少的方式，其出发点与指向都是维护人民的利益。诚实守信也是构建和谐繁荣的社会主义的基本条件。而在资本主义市场经济条件下，诚信成为资产阶级压榨剥削广大工人阶级的手段、工具，亦是掩盖其剥削统治的一块"遮羞布"。青年学生作为社会主义事业的建设者和接班人，尤其是作为走向社会主义市场经济的弄潮人，必须要清醒地认识两种不同的诚实守信的价值观，自觉地以社会主义市场经济的诚实守信的价值观作为自己从事经济活动、进行日常交往的行为规范，同时要能够辨识且自觉反对资本主义市场经济条件下的诚实守信，不致迷失方向与误入歧途。青年学生还应该意识到，在社会主义市场经济条件下，大多数市场经济活动主体在其经济活动中能够自觉遵守诚实守信的基本原则，但是个别企业与个人，为了自我的利益而不择手段，背离法律、法规、伦理价值等，的的确确存在不诚实守信的情况，在一定程度上冲击着大部分诚实守信的企业与个体，破坏了社会主义市场经济的经营环境，败坏了社会主义市场经济的道德风气，影响极坏。比如医药行业造假对人民生命健康造成的严重不良影响，牛奶行业造假致使"大头娃娃"出现，建筑行业造假产生的"豆腐渣工程"对人民生命与财产的威胁等，均是没有坚守诚

①《马克思恩格斯文集》第7卷，人民出版社2009年版，第500页。

实守信价值观的体现。这些人为了一己之私而欺骗人民，没有把人民群众放在心中，没有把人民利益置于第一位。对于这些不诚实守信的现象，青年学生应该自觉站出来加以揭露并与其作坚决斗争。这是在以另一种方式践行诚信价值观。在社会主义条件下，诚信的主体、对象、过程以及目标等都自始至终贯穿着人民性。因为中国共产党所建立的社会主义政权与所从事的社会主义建设事业，是以人民利益为核心的，必须在人民面前老老实实、认认真真，决不能欺骗人民，决不能失信于人民，必须实现好、维护好、发展好最广大人民的根本利益。

二是教育青年学生加强诚信修养，践行诚信价值观。

首先，青年学生要加强个人修养，丰富诚信内涵。诚信事关青年学生的素养，是个人思想品德的重要组成部分。“人无德不立。”诚信既是个体的社会价值的重要内容，又是社会价值基础上个体与社会关系的自我确证。“诚”在青年学生身上即意味着去伪存真，表里如一。在主观上，需要老老实实，诚诚恳恳，不虚妄；在行为上，要实事求是地以客观规律为基础，尊重客观事物，将自己的主观与客观保持一致。青年学生在诚信价值观的践行上，应该一视同仁，不应区别对待，即不能对与自己亲近的个人以及有利益关系的团体，与其他的个人以及没有密切关联的团体采取不同的诚信标准。部分青年学生容易受到外界的干扰，有时对诚信的标准要求很严，践行诚信价值观的程度较高，有时又对诚信的标准要求较松、践行诚信价值观的程度较低。对他人或与自己利益关联不是很大的，制定的诚信标准很严，而对自己或与自己利益关联很大的，制定的诚信标准很松。这样就不能真正做到诚信。所以，青年学生在践行诚信价值观之时，必须去除以自我为中心的诚信观。同时，青年学生在践行诚信价值观之时，需克服物质利益诱惑所造成的对诚信的侵蚀，应该将诚信建立在正确的物质利益观上，“君子爱财取之有道”，不能因为物质利益的诱惑或捆绑而失去诚信之品质。青年学生的诚信观以及对诚信价值观的践行并不是毫无原则与底线的，青年学生应该提高自己的政治站位，坚定自己的政治立场，以此作为守护诚信之最基本的原则。因为如果没有正确的原则，不但无助于诚信，相反会损害诚信。有些失信行为还会受到国家法律的惩戒，比如助学金还贷拖欠问题等；而有些失信行为虽不会受到国家法律的惩戒，但是会对个人声誉造成严重影响，失信之人以后将难以立足于社会。

其次，加强校园制度建设，搭建青年学生践行诚信价值观的良好平台。学校应该给予能够在日常学习与生活中保持诚信的青年学生适当的激励，并对其进行表彰，以起到示范与宣传作用，使其他青年学生能够积极向这些身边的诚信青年看齐，建构起多方位、立体式的学习渠道；而对于一些失信的青年学生，则应予以批评、教育以及适当的惩戒。学校可以数字化校园建设为契机，有针对性地开设有关诚信教育的课程，将践行诚信价值观的具体路径与应该保持的诚信道德观念的知识讲授有机统一起来，力争达到既丰富青年学生的诚信知识，又提升其诚信的政治站位的目的。高校要帮助青年学生树立起正确的义利观，要在利他、利己双向选择的基础之上实现互利共赢，避免为了不义之财而践踏诚信之原则，让青年学生将诚信观念落实到日常学习与生活之中。在对青年学生进行诚信教育的过程中，教师应该既是诚信知识的传授者，又是诚信实践的示范者，是青年学生诚信道德树立的不可或缺的重要因素。因此，在对青年学生进行诚信教育时，高校应该配备“德、术双馨”的师资力量。教师应该用生动、鲜活，与青年学生现实状况比较贴近的例子对其进行诚信教育。亲其师信其道，信其道才能更加亲其师。高校应该设立专门的机构或部门负责对青年学生的诚信教育方面的管理工作，在指导思想、具体章程、人员配备等方面都应有所体现，诚信工作甚至应不仅针对在校青年学生，而且还要针对毕业之后的青年学生。学校应该组织人员对诚信理论进行深入研究，力争产出一批具有指引实践功能的学术成果。学校应该做好国家对于失信行为处置的法律法规的宣传工作，同时以学校自身诚信体制机制的构建带动广大青年学生诚信行为的养成，打造良好的校园文化环境。

最后，营造政府、社会、学校三位一体的诚信构建的和谐环境。从政府与社会的角度而言，应该积极构建诚实守信的良好的法治环境。当前，我国有关诚信的法律法规不够完善，需要下大力气研究和改进相关立法，充分利用现代科学技术来加强诚信环境的建设。而欲做到这一点需要从以下三个方面努力。第一，利用现代网络技术开展深入、持久的诚信教育。第二，利用现代网络技术与大数据技术，建立联动系统，对一些失信人员有限度地曝光，并在其出行、消费等方面加以限制，予以一定的惩戒，既使失信者受到一定的惩罚，同时也对其他在失信边缘徘徊的人起到警示作用。第三，要采用线上与线下相结合、理论与实践相结合、校园内与校园外相联动的方式对青年学生进行诚信教育。同时，政府、社会、学校要与青年学生建立起无障碍的沟通机制，主动帮助青年学生解决践行诚信价值观过程中遇到的问题。政府要及时曝光与揭露利用网络进行欺骗等的不诚信行为，提升青年学生的辨识能力，防患于未然。执法部门要加大侦查、打击力度，使因为失信而对社会造成的损害降到最低限度。在政府、社会、学校层面加强以马克思主义为指导的诚信价值观的教育，自觉抵制与批判资产阶级失信等价值观对我国公民尤其是青年学生的侵蚀与毒害，积极倡导社会主义核心价值观，用诚信的价值观去引领与带动社会的健康发展，引导人们共同投入为实现中华民族伟大复兴的中国梦而奋斗的征程中去。坚守与发扬诚实守信的优良传统，对于政府、社会、学校而言是一个长期而艰巨的过程，必须不麻痹、不松懈、一以贯之。中国革命之所以能够成功，中国的改革开放之所以能够取得巨大成绩，在很大程度上是因为中国共产党及其所带领的全国各族人民具有诚实守信的优良品质。就对外方面而言，在与别的国家交往的过程中能够遵守诺言，树立起大国言必行、行必果的责任担当形象；就对内方面而言，坚守对人民利益负责的底线，不忘初心。青年学生要坚守诚信价值观，不断为其注入新时代新的内涵与活力。习近平总书记指出："一个人只有明大德、守公德、严私德，其才方能用得其所。"①

高校作为实施思想政治教育的主阵地，应该自觉主动地在教育过程中引导与培育大学生树立正确的友善观。具体原因如下。

团结友善是社会主义社会中公民最基本的道德规范之一，对构建和谐繁荣的社会起到重要的作用。友善是衡量社会主义公民行为的准则，也是构建社会主义和谐社会的重要内容。它在一定程度上框定人与人之间的伦理规范与社会秩序，使社会更有"人味"与"温情"，使国家的法律法规规章制度等更具"温度"，同时能达至法律法规所不能触及的领域，能够促使人们以更加积极主动的态度去进行社会实践。青年学生正处于成长阶段，也处于价值观树立的关键时期，当正确的友善观渗入其所言所行之中时，就会对构建和谐社会起到重要的推动作用。友善是现代社会文明程度与个体素养的集中体现，友善观被社会成员以何种程度来加以接受与践行，在一定意义上就意味着这个社会的发展方向与发展程度。因此，践行友善观，关系到社会成员的切身利益，需要认真对待。国家与社会的希望与未来在青年，青年理应承担起构建和谐繁荣的社会的责任，做一个有善心、懂尊重、能宽容的人。

中国传统文化中强调以"仁爱"之心待人，青年学生在日常学习、工作与生活中应该以友善仁爱之心对待老师、家长、同学等，做到待人和气、知书达礼、谦让于人、平等真诚，对社会中的弱势群体，应该主动伸出援助之手。作为中华民族的一分子，我们的优秀传统文化要求我们具有团结友善的优良品质；作为社会中的人，我们应该具有团结友善的优良品质，这是马克思主义所言指的人的社会属性的重要体现。从当今社会发展与进步的角度来看，我们若要立足于现代社会、适应现代文明，必须具备团结友善的优良品质。启蒙运动以来，友善与爱深入社会的各个层面并被

①《习近平关于社会主义文化建设论述摘编》，中央文献出版社2017年版，第142页。

广泛接受，“出于对人的爱和同情的关怀而向他们行善，或出于对秩序的热爱而主持正义，是非常之好的”[①]。从当今世界的发展趋势来看，世界各国人民之间的交流交往日益增多，我们只有具有团结友善的优良品质，才能在开放、包容的世界中张开双臂迎接其他国家的人民，才能与世界各国人民共同构建美好的未来。就青年学生自身而言，只有具有团结友善的优良品质，才能在与老师、同学、家人、朋友相处的过程中营造和谐融洽的环境，才有利于个人的成长与发展。一个具有友善品质的青年学生，能够从他人的立场去思考问题，关切他人的利益，而不是以自我为中心，在觉察到他人的艰难处境与合理利益诉求之时，会积极寻找办法加以解决和满足，以仁善之心待人。若以马克思主义观之，人的本质是一切社会关系的总和，人在以友善之心对待他人之时，就意味着在实践与丰富人的本质的内涵。人们在社会生产实践过程中，存在着物质、精神等层面的密集交往，尤其是现代社会，这种交往的深度、广度、频率等空前加强，若没有彼此友善互助，交往的效果就会大打折扣，甚至交往成为不可能。

从宏观的角度来讲，友善有利于构筑一个和谐的大环境，这个大环境既包括民族与国家的，又包括自身所处的集体诸如学校、单位的；从微观的角度来讲，友善有利于构筑个体与他人之间的和谐之环境。团结友爱的环境之构建，不仅关涉到社会领域，而且关涉到人与自然的关系，即人应该善待自然，与自然和谐相处，保护好生态环境，积极探索可持续发展之道。正如恩格斯所言：“我们不要过分陶醉于我们人类对自然界的胜利。对于每一次这样的胜利，自然界都对我们进行报复。”[②]现代社会，生产力的极大发展，使人类对自然资源的开采与利用达到前所未有的程度，白色污染对我们的环境造成极大的破坏。作为人类一分子的青年学生的命运与地球的命运息息相关，应该在社会生活中自觉践行绿色、环保、低碳的生

① 康德：《实践理性批判》，韩水法译，商务印书馆1999年版，第89页。

②《马克思恩格斯文集》第9卷，人民出版社2009年版，第559—560页。

活方式，在与自然环境友善相处的过程中以身示范，引领与带动整个社会践行绿色的生活方式。另外，在自身成长发展的过程中，青年学生也应正确且妥善处理好自我与内心的友善的关系。现代社会，生活节奏加快，竞争较为激烈，青年学生往往面临许多的挑战与压力。一些青年学生抗压能力较弱，在适应社会的过程中出现种种问题。部分人在失败与挫折面前自暴自弃，甚至将个人的失败与挫折归结于社会、家庭等，进而产生报复社会的行为，对社会造成巨大损失，产生巨大负面影响。究其原因，在某种程度上来说是由于这些青年学生没有将社会环境中的“我”与未来理想规划中的“我”的关系处理好，没有立足于他人的立场思考问题，而是以自我为中心，只考虑自身利益。拥有正确的友善观的青年学生在处理不同群体与个体利益时，能够进行自我反省，并能够为塑造一个人人友善的良好环境而努力。

当今社会，各种思潮涌现，青年学生一方面接受马克思主义与中华优秀传统文化的武装，另一方面又面临着资产阶级腐朽社会思潮与不良风气的负面影响，在个人利益与他人利益尤其是广大人民群众的利益、社会主义价值与资本主义价值发生冲突时，有时会迷失方向，从而在友善观的践行上走向邪路、歪路。为此，高校一方面需要加强青年学生的马克思主义的理想信念教育。马克思主义是人类历史上最优秀的思想理论体系之一，是一个系统的理论学科，凝结了人类数百年的历史智慧，加强马克思主义的理想信念教育，是新时代青年学生理想信念教育工作的重中之重。另一方面，高校应该切实立足于学生的立场，从学生身心发展阶段性特征出发思考问题，不能居高临下，应平等、民主地对待学生，走进学生的生活、学习、思想，了解他们所面临的困难与问题，与学生真诚交流，帮助其敞开心扉，解开他们思想上的疙瘩，消除他们情感上的障碍。当学校、教师以平等、友善的态度对待学生时，学生也自然会将这种友善观践行到自己的日常生活、学习之中，乃至于践行到以后的工作中。这种友善观教育就绝非一种灌输式的教育，而是自然而然、润物无声，潜移默化地影响学生，这样效果更好。高校还可以充分利用青年人喜欢的“互联网+”模式进行友善观的宣传，同时对网络上一些不符合友善观的思想进行抨击，有效净化网络空间，营造出符合新时代友善观的网络文化氛围。同时，高校还要对青年学生身边践行友善观的模范以网络的形式加以宣传，以感人的事迹给青年学生以情感与思想上的震撼，促使其焕发出巨大的精神力量，带动更多的青年学生参与到友善观的践行中去，营造出人人学习践行友善观先进分子的良好氛围。

马克思主义认为，人的友善的充分展现是建立在一定社会历史条件基础之上的。在资本主义社会等剥削阶级社会中，作为个体的人彼此之间，以及剥削阶级与被剥削阶级之间所展现出的友善，是受到阶级历史条件限制的。个体为了自身利益的最大化，往往伪装成友善的样子。从某种程度上来说，个人利益的最大化即意味着友善的最大化，资产阶级等剥削阶级将自身利益的最大化作为自己社会实践的最终目标，其所实施的所谓的对无产阶级的“福利政策”等，仅仅是为了维护资产阶级本身的统治而采取的权宜之计。剩余价值的最大化才是“友善”面纱下资产阶级的最终追求。在社会主义社会与共产主义社会中，全世界的无产者是一家人，共同的命运与价值追求使他们彼此展现出阶级之情与友善之爱，“我为人人，人人为我”，而不是像资本主义社会那样对社会中存在的弱势群体受苦受难的现象采取漠视的态度。社会主义社会是建立在生产资料公有制基础之上的。中华人民共和国是工人阶级领导的、以工农联盟为基础的人民民主专政的社会主义国家，全体人民有着共产主义的远大理想与中国特色社会主义的共同理想，中国共产党的宗旨与使命就是全心全意为人民服务。在这样的历史与现实条件之下，我国各族人民之间就自然形成了平等、团结、互助、和谐的社会主义民族关系，56个民族像石榴籽一样紧紧拥抱在一起，人与人之间展现出的不仅是基于共同地域与血缘关系所凝聚起的感情，更有基于更大范围的同胞手足之情。人与人之间彼此敞开心扉，无障碍交流，就会心往一处想、劲往一处使，也会团结起来共同面对艰难困苦。实现中华民族伟大复兴的中国梦要求全国人民团结起来，像家庭成员一般友爱互助。虽然中国的东中西部发展程度不一样，但是一部分先富起来的地区与人们在社会主义核心价值观友善的指引之下，积极带动后富的地区与人们，在共同富裕的道路上，不让任何一个地区与个体落下来。青年学生应该努力做到理性平和，有所行动，有所作为，自觉地将友善的价值观深深记在心中，与人为善、与集体为善、与国家民族为善，提升自我的道德素养，强化作为时代新人的责任意识与使命担当，为构建友善、和谐、繁荣的社会主义社会贡献自己的力量。青年学生在社会实践中有时会面临个人利益与他人利益相冲突的情况，当个人利益与大多数人的利益发生冲突之时，应该以维护大多数人的利益为标准。友善观的践行应该基于正确地维护大多数人的利益，为大多数人所认可。学校应该打造一个和谐、平等、宽松的校园环境，使广大青年学生能够在和谐、平等、宽松的环境中学习与研究，在友善的环境中彼此合作。学校应该将友善观教育融入学生的思想政治教育之中，通过学生喜闻乐见的且有教育意义的素材来进行启发式教学。同时，教师还可以在“形势与政策”课上穿插一些社会上的关于友善的热点问题，让青年学生参与其中进行讨论。在讨论过程中，教师应该给予适当引导与点评，让学生在参与过程中认识自己的友善观。另外，学校应该在“形势与政策”课教材的设计上，多方听取意见与建议，比如来自学生家长、社会、政府等多方面的意见与建议，这样友善观教育的内容会更加具有层次性与丰富性，也能够更贴近学生的日常生活，使学生可触可感。打造一个和谐、平等、宽松的环境不应该仅局限于学校内部，还应该将范围扩展开来，延伸到社会。一方面，可以是学校与学校之间的合作与交流，通过校际合作与交流，相互借鉴，取长补短。另一方面，可以开展学校与社会之间的合作与交流，比如学校与企业、学校与社区、学校与政府部门等的合作与交流，为学生提供一个了解社会主义核心价值观友善践行的窗口与开展具体实践的平台。比如，为学生到农村支教提供机会等，这样既使学生接受了锻炼，又使学生在现实生活中切实感受、身体力行地实践友善观，从而增强发现问题、分析问题、解决问题的能力。但是，践行友善观有一个最基本的前提条件，即青年学生应该善待自我。现代社会，竞争激烈，压力很大，青年学生如果不具备一定的抗压能力，在遇到困难的时候可能就会自暴自弃、一蹶不振，甚至会作出偏激的行为，对学校、家庭、社会、国家等的友善也就无从谈起。所以，友善观教育对于青年学生而言既是一种价值观的塑造，又是对个人面对社会生活实际困难与挫折的意志的磨砺。青年学生在步入社会后，在面对日趋激烈的社会竞争之时，应该友善地对待自我、关爱生命，在对自我的严格要求与自我所能承受的压力之间寻求一个适度的可以接受的平衡点，在自我与内心友善的前提下去友善地对待他人、回馈社会、报效国家。立法机关应该将友善的价值观渗透于法律之中，以法律条款的引领、保障来确保友善观真正得以践行。

结束语

新时代高校思想政治教育既承担着宣传社会主义意识形态的重要使命，又担负着立德树人的历史重任。在中国特色社会主义进入新时代与中国面临世界百年未有之大变局的历史时期，将社会主义核心价值观有机融入新时代高校思想政治教育工作中，讲好中国故事，传播好中国声音，树立中国形象，使世界了解中国，让中国融入世界，是一项长期而艰巨的任务。面对这一挑战，既需要坚定不移地坚持马克思主义，自觉将马克思主义基本原理贯彻到高校思想政治教育工作的各个环节，又需要在进行思想政治教育时融入社会主义核心价值观，主动并创造性地开展各项工作，使高校思想政治教育工作具有时代性、革命性、人民性。若要使社会主义核心价值观有机融入思想政治教育，则需要在坚持中国共产党的领导的前提下，政府、社会、学校等各方面协同推进，各司其职，共同努力，推动多学科、多层次、多方位的教学活动的开展，努力实现“课程思政”与“思政课程”的协同一体化建设。思想政治教育要贴近实际、贴近生活、贴近群众，要坚持以世界视野来探索中国特色思想政治教育的新路径，使学校的思想政治教育与社会实践层面的思想政治教育紧密结合。

新时代，高校思想政治教育建构于马克思主义这一理论前提之上，围绕着“人”的层面来展开，并在“思政课程”与“课程思政”的教学实践中加以推进。而这一切，均要求高校思想政治教育自觉坚持与维护马克思主义的指导地位与中国共产党的领导，自觉坚持与维护社会主义的主流意识形态，自觉树立大局意识，自觉抵制各种非社会主义思潮对思想政治教育主阵地的侵袭、干扰和破坏，“坚持建设性和批判性相统一，传导主流意识形态，直面各种错误观点和思潮”[①]，让社会主义的主流意识形态的话语权牢牢掌控在能够“担当民族复兴大任的时代新人……全面发展的社会主义建设者和接班人”[②]手中。而当我们自觉将道路自信、理论自信、制度自信、文化自信深深地嵌于新时代高校思想政治教育的内核中时，我们获得的将不仅是自信所建构起的权威的极大提升，更是实现中华民族伟大复兴的中国梦的前提与保障。

---

①《习近平谈治国理政》第3卷，外文出版社2020年版，第331页。

②《习近平谈治国理政》第3卷，外文出版社2020年版，第328页。

主要参考文献

一、专著类

《马克思恩格斯选集》第1卷，人民出版社1995年版。

《马克思恩格斯选集》第2卷，人民出版社1995年版。

《马克思恩格斯选集》第3卷，人民出版社1995年版。

《马克思恩格斯文集》第1卷，人民出版社2009年版。

《马克思恩格斯文集》第2卷，人民出版社2009年版。

《马克思恩格斯文集》第10卷，人民出版社2009年版。

马克思：《资本论》第1卷，人民出版社2018年版。

马克思、恩格斯：《共产党宣言》，人民出版社2014年版。

《列宁选集》第3卷，人民出版社1995年版。

《列宁选集》第4卷，人民出版社1995年版。

《毛泽东选集》第2卷，人民出版社1991年版。

《毛泽东选集》第3卷，人民出版社1991年版。

《毛泽东文集》第3卷，人民出版社1996年版。

《毛泽东著作选读》下册，人民出版社1986年版。

《邓小平文选》第2卷，人民出版社1994年版。

《邓小平文选》第3卷，人民出版社1993年版。

《邓小平年谱(1975—1997)》，中央文献出版社2004年版。

《邓小平思想年谱(一九七五——九九七)》，中央文献出版社1998年版。

《习近平谈治国理政》，外文出版社2014年版。

《习近平谈治国理政》第3卷，外文出版社2020年版。

《习近平在纪念中国人民抗日战争暨世界反法西斯战争胜利70周年系列活动上的讲话》，人民出版社2015年版。

习近平：《决胜全面建成小康社会　夺取新时代中国特色社会主义伟大胜利——在中国共产党第十九次全国代表大会上的报告》，人民出版社2017年版。

中共中央宣传部编：《习近平新时代中国特色社会主义思想学习纲要》，学习出版社、人民出版社2019年版。

《十八大以来重要文献选编》(上)，中央文献出版社2014年版。

《党的十九大报告辅导读本》，人民出版社2017年版。

《中共中央文件选集(一九四九年十月~一九六六年五月)》第50册，人民出版社2013年版。

阿尔都塞：《保卫马克思》，顾良译，商务印书馆2016年版。

葛兰西：《狱中札记》，曹雷雨、姜丽、张跣译，中国社会科学出版社2000年版。

哈贝马斯：《交往与社会进化》，张博树译，重庆出版社1989年版。

哈贝马斯：《作为“意识形态”的技术与科学》，李黎、郭官义译，学林出版社1999年版。

侯长林：《校园文化略论》，贵州教育出版社1991年版。

康德：《实践理性批判》，韩水法译，商务印书馆1999年版。

林勇:《劳动社会学》,中国劳动社会保障出版社2006年版。

望月清司:《马克思历史理论的研究》,韩立新译,北京师范大学出版社2009年版。

二、期刊类

张景波、刘阳、刘永林:《党史学习教育融入高校思想政治教育的价值评价、逻辑证成与路径选择》,《重庆大学学报》(社会科学版)2022年第2期。

李海鹏:《高校思想政治工作质量提升的困境、成因及对策》,《国家教育行政学院学报》2022年第10期。

门超、樊明方:《高校思想政治教育"立德树人"主体性维度的哲学阐释》,《贵州社会科学》2020年第4期。

张兴海:《高校思想政治教育倾向性问题的辩证省思》,《社会科学战线》2019年第12期。

冯刚、史宏月:《建构高校思想政治教育工作质量 评价指标体系的方法与路径》,《东北师大学报》(哲学社会科学版)2020年第5期。

陈慧军、平章起:《论新时代精准思想政治教育的逻辑向度》,《学术论坛》2019年第5期。

赵秀娟、张明志:《诠释"以学生为中心"的三重理论视角》,《思想理论教育导刊》2021年第6期。

韩力争:《让红色基因、革命薪火代代传承》,《红旗文稿》2021年第13期。

丛亮:《融媒体时代高校思想政治教育工作面临的挑战及应对》,《思想理论教育》2019年第11期。

刘光斌、夏雨轩:《习近平高校思想政治工作论述的三重内涵——基于大学生思想政治教育的视角》,《大学教育科学》2022年第5期。

张策、张耀元:《新时代背景下新媒体融入高校思想政治教育的价值、原则及路径》,《国家教育行政学院学报》2020年第8期。

冯刚、张智:《新时代高校思想政治教育工作质量评价指标体系设计的实证研究》,《思想理论教育》2021年第4期。

附录　教育部等八部门关于加快构建高校思想政治工作体系的意见

教思政〔2020〕1号

各省、自治区、直辖市教育厅（教委）、党委组织部、党委宣传部、党委政法委、网信办、财政厅（局）、人力资源社会保障厅（局）、团委，新疆生产建设兵团教育局、党委组织部、党委宣传部、党委政法委、网信办、财政局、人力资源社会保障局、团委，部属各高等学校、部省合建各高等学校：

为深入贯彻落实习近平新时代中国特色社会主义思想，贯彻落实党的十九大和十九届二中、三中、四中全会精神，学习贯彻习近平总书记关于教育的重要论述，加快构建高校思想政治工作体系，努力培养担当民族复兴大任的时代新人，培养德智体美劳全面发展的社会主义建设者和接班人，现提出如下意见。

一、指导思想和目标任务

1. 指导思想。以习近平新时代中国特色社会主义思想为指导，全面贯彻党的教育方针，坚持和加强党的全面领导，坚持社会主义办学方向，以立德树人为根本，以理想信念教育为核心，以培育和践行社会主义核心价值观为主线，以建立完善全员、全程、全方位育人体制机制为关键，全面提升高校思想政治工作质量。

2. 目标任务。健全立德树人体制机制，把立德树人融入思想道德、文化知识、社会实践教育各环节，贯通学科体系、教学体系、教材体系、管理体系，加快构建目标明确、内容完善、标准健全、运行科学、保障有力、成效显著的高校思想政治工作体系。

二、理论武装体系

3. 加强政治引领。把坚持以马克思主义为指导落实到教育教学各方面，对各种错误观点和思潮旗帜鲜明予以抵制。全面推动习近平新时代中国特色社会主义思想进教材、进课堂、进师生头脑，开展理论教育培训，编写出版理论读物，打造示范课堂，运用各种载体分群体深入开展习近平新时代中国特色社会主义思想学习研究宣传工作。推动理想信念教育常态化、制度化，加强党史、新中国史、改革开放史、社会主义发展史教育，加强爱国主义、集体主义、社会主义教育，把制度自信的种子播撒进青少年心灵，引导师生不断增强"四个自信"。推动领导干部、"两院"院士等专家学者、各方面英雄模范人物进校园开展思想政治教育。

4. 厚植爱国情怀。贯彻落实《新时代爱国主义教育实施纲要》，打造推广一批富有爱国主义教育意义的文化作品，定期举行集体升国旗、唱国歌仪式，有效利用重大活动、开学典礼、毕业典礼、重大纪念日、主题党团日等契机和重点文化基础设施开展爱国主义教育。

5. 强化价值引导。研究制定体现社会主义核心价值观要求的师生行为规范，组织国家勋章和国家荣誉称号获得者、最美奋斗者、改革先锋、时代楷模等新时代先进人物走进高校，面向广大师生开展思想政治教育。开展教书育人楷模、思政课教师年度人物、高校辅导员年度人物、大学生年度人物等先进典型的宣传选树。

三、学科教学体系

6.办好思想政治理论课。按照“八个相统一”要求，扎实推进思想政治理论课建设思路创优、师资创优、教材创优、教法创优、机制创优、环境创优。遴选名师大师参与思想政治理论课讲授。把新媒体新技术引入高校思想政治理论课教学，打造高校思想政治理论课资源平台和网络集体备课平台。

7.强化哲学社会科学育人作用。强化马克思主义理论学科引领作用，推出一批中国特色哲学社会科学精品力作。加强哲学社会科学教材规划编审和规范选用工作。加大哲学社会科学各学科专业中的马克思主义理论类课程建设。扎实推进哲学社会科学专业课程思政建设，文学、历史学、哲学类专业课程要帮助学生掌握马克思主义世界观和方法论，从历史与现实、理论与实践等相结合的维度深刻理解习近平新时代中国特色社会主义思想。经济学、管理学、法学类专业课程要培育学生经世济民、诚信服务、德法兼修的职业素养。教育学类专业课程要注重加强师德师风教育，引导学生树立学为人师、行为世范的职业理想。

8.全面推进所有学科课程思政建设。统筹课程思政与思政课程建设，构建全面覆盖、类型丰富、层次递进、相互支撑的课程体系。重点建设一批提高大学生思想道德修养、人文素质、科学精神和认知能力的公共基础课程。理学、工学类专业课程要注重科学思维方法的训练和科技伦理的教育，培养学生探索未知、追求真理、勇攀科学高峰的责任感和使命感，培养学生精益求精的大国工匠精神。农学类专业课程要注重培养学生的大国“三农”情怀，引导学生“懂农业、爱农村、爱农民”。医学类专业课程要注重加强医德医风教育，注重加强医者仁心教育，教育引导学生尊重患者，学会沟通，提升综合素养。艺术学类专业课程要教育引导学生树立正确的艺术观和创作观，积极弘扬中华美育精神。

9.充分发挥科研育人功能。构建集教育、预防、监督、惩治于一体的学术诚信体系。提高研究生导师开展思想政治教育意识和能力。持续开展全国科学道德和学风建设宣讲教育、“共和国的脊梁——科学大师名校宣传工程”等系列活动。

四、日常教育体系

10.深化实践教育。把思想政治教育融入社会实践、志愿服务、实习实训等活动中，创办形式多样的“行走课堂”。健全志愿服务体系，深入开展“青年红色筑梦之旅”“‘小我融入大我，青春献给祖国’主题社会实践”等活动。推动构建政府、社会、学校协同联动的“实践育人共同体”，挖掘和编制“资源图谱”，加强劳动教育。

11.繁荣校园文化。坚持培育优良校风教风学风，持续开展文明校园创建活动。建设一批文化传承基地。发挥校园建筑景观、文物和校史校训校歌的文化价值。加强高校原创文化精品创作与推广。

12.加强网络育人。提升校园新媒体网络平台的服务力、吸引力和粘合度，切实增强易班网、中国大学生在线等网络阵地的示范性、引领性和辐射度，重点建设一批高校思政类公众号，发挥新媒体平台对高校思政工作的促进作用。引导和扶持师生积极创作导向正确、内容生动、形式多样的网络文化产品。建设高校网络文化研究评价中心，推动将优秀网络文化成果纳入科研成果评价统计。各高校应按照在校生总数每生每年不低于30元的标准设立网络思政工作专项经费。

13.促进心理健康。把心理健康教育课程纳入整体教学计划，按师生比不低于1:4000比例配备专业教师，每校至少配备2名。发挥心理健康教育教师、辅导员、班主任等育人主体的作用，规范发展心理健康教育与咨询服务。强化心理问题早期发现和科学干预，推广应用《中国大学生心理健康筛查量表》和“心理健康网络测评系统”，提升预警预防、咨询服务、干预转介工作的科学性、前瞻性和针对性。

五、管理服务体系

14.提高管理服务水平。健全管理服务育人制度体系，宣传推广一批管理服务育人的先进经验和典型做法，大力营造治理有方、管理到位、风清气正的制度育人环境。

15.加强群团组织建设。增强工会、共青团、妇联等群团组织的政治性、先进性、群众性。推动学生会（研究生会）改革，强化党的领导，健全骨干遴选程序。加强学生社团建设管理，着力构建党委统一领导、团委具体管理的工作机制，配齐配强指导教师，突出分类指导，支持有序发展。

16.推动“一站式”学生社区建设。依托书院、宿舍等学生生活园区，探索学生组织形式、管理模式、服务机制改革，推进党团组织、管理部门、服务单位等进驻园区开展工作，把校院领导力量、管理力量、服务力量、思政力量压到教育管理服务学生一线，将园区打造成为集学生思想教育、师生交流、文化活动、生活服务于一体的教育生活园地。

17.完善精准资助育人。精准认定家庭经济困难学生，健全四级资助认定工作机制，完善档案、动态管理。建设发展型资助体系，加大家庭经济困难学生能力素养培育力度。

六、安全稳定体系

18.强化高校政治安全。认真落实意识形态工作责任制，加强高校思想文化阵地管理，严格实行审批制度。坚决抵御境外利用宗教渗透，防范校园传教活动。

19.加强国家安全教育。持续推动国家安全教育进学校、进教材、进头脑，把集中教育活动与日常教育活动、课堂教育教学与社会实践相结合。建立健全国家安全教育长效机制，不断充实教育内容，完善教学体系。

20.筑牢校园安全防线。切实保护学生生命安全、财产安全、身体健康，严格落实安全防范工作规范要求，强化安全基础建设，完善校园及周边治安综合治理机制。

21.健全安全责任体系。落实高校安全管理主体责任，完善相应协调和会商机制，落实“一岗双责”。完善预警预防、综合研判、应急处置、督查报告、责任追究等工作制度。

七、队伍建设体系

22.建设高水平教师队伍。按照“四有”好老师要求，落实政治理论学习、培训轮训、实践锻炼等制度。完善教师评聘考核办法，把师德师风作为评价教师队伍素质第一标准。实施课程思政教师专题培训计划。充分发挥院士、国家“万人计划”哲学社会科学领军人才、文化名家暨“四个一批人才”、“长江学者”、“杰青”、国家级教学名师等示范带头作用。构建全校齐抓教师思想政治素质的工作体系，组织开展宣传师德典型、深化学术诚信教育，加强对海外归国和青年教师的思想引导。落实《新时代高校教师职业行为十项准则》，严格实行师德"一票否决制"，加大对失德教师的惩戒力度，推动师德建设常态化长效化。

23.打造高素质思想政治工作和党务工作队伍。严格落实中央关于高校思想政治工作和党务工作队伍配备的各项指标性要求。完善高校专职辅导员职业发展体系，建立职级、职称"双线"晋升办法，学校应当结合实际情况为专职辅导员专设一定比例的正高级专业技术岗位。参照校内管理岗位比例，依据国家有关规定，建立完善高校专职辅导员管理岗位（职员等级）晋升制度。对长期从事辅导员工作、表现优秀的，按照国家有关规定给予奖励。各高校要切实履行辅导员选聘工作的主体责任，按照专兼结合、以专为主的原则加强辅导员选配工作。各地有关部门要积极支持并督导各高校严格落实专职辅导员人事管理政策，按规定签订聘用合同，不得用劳务派遣、人事代理等方式聘用辅导员。鼓励选聘各级党政机关、科研院所、军队、企事业单位党员领导干部、专家学者等担任校外辅导员。完善兼职辅导员和校外辅导员培训、管理、考核制度。持续提升思想政治工作和党务工作队伍素质能力和专业水平，实施思想政治工作中青年骨干队伍建设项目，组织开展国家示范培训、海内外访学研修、在职攻读硕士博士学位等专项计划。各地要因地制宜设置思政课教师和辅导员岗位津贴，纳入绩效工资管理，相应核增学校绩效工资总量。各高校应按照在校生总数每生每年不低于20元的标准设立思想政治工作和党务工作队伍建设专项经费。

24.加大马克思主义学者和青年马克思主义者培养力度。加强马克思主义学院和马克思主义理论学科建设，加快培养一批立场坚定、功底扎实、经验丰富的马克思主义学者，特别是培养一大批青年马克思主义者。深入实施"高校思想政治理论课教师队伍后备人才培养专项支持计划"。组织实施青年马克思主义者培养工程，加强集中教育培训和后续跟踪培养。

八、评估督导体系

25.构建科学测评体系。建立多元多层、科学有效的高校思政工作测评指标体系，完善过程评价和结果评价相结合的实施机制，推动把高校党建和思想政治工作作为“双一流”建设成效评估、学科专业质量评价、人才项目评审、教学科研成果评比的重要指标，并纳入政治巡视、地方和高校领导班子考核、领导干部述职评议的重要内容。

26.完善推进落实机制。明确责任分工，细化实施方案，及时研究解决重点问题。将高校思想政治工作纳入整体发展规划和年度工作计划，明确路线图、时间表、责任人。

27.健全督导问责机制。强化高校思想政治工作督导考核，对履职尽责不力、不及时的，加大追责力度。实行校、院系、基层党组织书记抓党建和思想政治工作述职评议考核制度，纳入党纪监督检查范围。

九、组织领导和实施保障

28.加强党的全面领导。要把高校思想政治工作摆到重要位置，切实加强组织领导和工作指导。各高校党委要全面统筹各领域、各环节、各方面的资源和力量，力戒形式主义、官僚主义，加强体制机制、项目布局、队伍建设、条件保障等方面的系统设计，定期分析高校思想政治领域情况，研究解决重大问题，协调推进重点任务落实，党委主要负责同志落实领导责任，分管领导落实直接责任。党委书记是思想政治工作第一责任人，校长和其他班子成员履行“党政同责、一岗双责”。高校领导班子成员要主动进课堂、进班级、进宿舍、进食堂、进社团、进讲座、进网络，深入一线联系学生。

29.加强基层党的建设。强化院系党组织政治功能，加强班子建设、健全集体领导机制、提高议事决策水平。发挥党支部战斗堡垒和党员先锋模范作用，优化支部设置，实施教师党支部书记“双带头人”培育工程，建强党支部书记队伍。严格党的组织生活各项制度，着重加强教师党支部和学生党支部建设、发展党员和党员教育管理工作。加强教师党支部与学生党支部共建，鼓励校企、校地党支部共同开展组织生活。落实党建带团建制度，做好推优入党工作。

30.强化工作协同保障。推动形成学校、家庭和社会教育协同育人机制。发挥高校思想政治工作委员会的专家咨询作用，加大高校思想政治工作创新发展中心、思想政治工作队伍培训研修中心、省级高校网络思想政治工作中心建设力度。做好高校思想政治工作专项资金使用管理，引导地方和高校增加投入，强化经费投入的育人导向。

教育部　中共中央组织部　中共中央宣传部

中共中央政法委员会　中央网络安全和信息化委员会办公室

财政部　人力资源社会保障部　共青团中央

2020年4月22日